快速城镇化背景下湖北省建设用地转型特征与机理研究

KUAISU CHENGZHENHUA BEIJING XIA HUBEI SHENG JIANSHE YONGDI
ZHUANXING TEZHENG YU JILI YANJIU

主　编　蔡恩香　张　杨
副主编　李国权　翟天林　李纪伟

图书在版编目(CIP)数据

快速城镇化背景下湖北省建设用地转型特征与机理研究/蔡恩香,张杨主编;李国权,翟天林,李纪伟副主编.—武汉:中国地质大学出版社,2023.12
ISBN 978-7-5625-5689-3

Ⅰ.①快… Ⅱ.①蔡… ②张… ③李… ④翟… ⑤李… Ⅲ.①城市土地-土地利用-研究-湖北 Ⅳ.①F299.276.3

中国国家版本馆 CIP 数据核字(2023)第 207597 号

快速城镇化背景下湖北省建设用地转型特征与机理研究	蔡恩香 张 杨	**主 编**
	李国权 翟天林 李纪伟	**副主编**

责任编辑:洪梦茜 舒立霞	选题策划:洪梦茜	责任校对:何澍语
出版发行:中国地质大学出版社(武汉市洪山区鲁磨路 388 号)		邮编:430074
电　　话:(027)67883511	传　　真:(027)67883580	E-mail:cbb@cug.edu.cn
经　　销:全国新华书店		http://cugp.cug.edu.cn
开本:787 毫米×1092 毫米　1/16	字数:224 千字	印张:8.75
版次:2023 年 12 月第 1 版	印次:2023 年 12 月第 1 次印刷	
印刷:广东虎彩云印刷有限公司		
ISBN 978-7-5625-5689-3		定价:68.00 元

如有印装质量问题请与印刷厂联系调换

前 言

随着城镇化、工业化进程的加快,在土地资源稀缺和社会经济快速发展的多重压力下建设用地空间扩张成为我国土地利用/覆被变化的主要特征,也是我国土地利用和管理研究的热点问题。建设用地快速扩张占用大量农用地和生态用地,给国家和地区粮食生产安全和生态环境保护带来严峻挑战,同时建设用地转型过程中也面临着面积增长过快、结构不合理、利用粗放等问题。在党的十八大报告中提出"节约集约利用资源,推动资源利用方式根本转变"以及"建立城乡统一的建设用地市场"要求下,以资源利用与配置方式转变破解发展"瓶颈"、促进发展方式转型成为建设用地规划管理的重要任务。因此,系统地刻画建设用地转型特征,分析各类建设用地的转型趋势和差异,探寻建设用地转型机理和规律,可为构建城镇建设用地转型管理调控体系、破解城镇化发展难题、实现社会经济可持续发展提供重要依据。笔者以湖北省为研究区,从建设用地利用形态变化的视角出发,梳理了建设用地转型基础理论和科学内涵,重点探究了建设用地利用形态(显性/隐性形态)变化的转型特征、耦合关系、影响驱动机制等问题。以"特征—耦合—机制—调控"作为研究路径,对建设用地转型特征、建设用地转型与社会经济发展耦合关系、建设用地转型机制和建设用地转型优化调控进行了系统的研究。主要研究内容及结论如下:

(1)结合土地利用转型和建设用地转型相关研究成果,从理论层面上对建设用地转型的内涵、机理等方面进行了深入的探讨。建设用地转型是建设用地利用形态在社会经济转型的驱动下和国家发展战略/政策引导下由一种形态向另一种或多种形态的时空演变过程,具有复杂性、阶段性和系统性等特征。建设用地转型是以自然地理条件为基本形成条件,并在某一特定时期和发展阶段,在国家/地区发展战略和政策引导、区域社会经济发展等外部因素刺激下引发建设用地供需的变化,从而改变建设用地的始末形态,这种改变需要通过一定转型路径/模式来满足建设用地利用供给和需求。

(2)从建设用地利用形态的视角,选取了建设用地数量、结构、经济效益和集约强度等指标,系统地开展了建设用地利用类型转型的综合性研究,构建了建设用地转型特征测度的研究框架,定量刻画了各类建设用地显性和隐性形态转型特征。显性形态转型方面,湖北省建设用地通过占用耕地、林地等,其面积在2009—2016年间有了较大幅度的增长,建设用地数量和结构等出现了明显的转换过程,显性形态转型主要特征是城镇和交通建设用地快速增长,农村和工矿及其他建设用地面积增长幅度较小,以农村建设用地为主的建设用地结构形态转变为城镇和交通建设用地比例明显提高、农村和工矿及其他建设用地比例降低的结构形态,各类建设用地数量转换均表现出一定的非均衡性和明显的空间自相关性。在隐性形态转型方面,各类建设用地的经济效益在2009—2016年间都有较大幅度的增长,其中城镇建设用地经济效益转型具有空间自相关性,农村建设用地和工矿及其他建设用地空间分布则表现随机性。各类建设用地的集约强度形态都有一定程度的降低,其中城镇建设用地集约强度由较为集约状态转变为较为粗放状态,农村建设用地集约强度的粗放利用状态加剧,而人均交通建设用地面积虽然有了明显增长,但仍低于同期全国平均水平,集约强度虽然降低但仍处于高度集约状态,今后应加大交通基础设施建设,各类建设用地集约强度形态转型的分布都表现出一定的空间自相关性。

(3)建设用地转型与农业转移人口和经济增长脱钩关系研究是以脱钩理论为基础,利用Tapio脱钩模型,以各类建设用地转型幅度和农业转移人口、经济增长等社会经济指标为研究对象,加强了建设用地转型与城乡系统要素特别是农业转移人口变化的联动分析。湖北省城镇吸纳农业转移人口和城镇建设用地转型在2009—2016年间的耦合关系为弱脱钩类型,即城镇建设用地增长速度大于吸纳农业转移人口的速度,城镇建设用地增长过快,县级单元中两者以扩张负脱钩为主,还有部分弱脱钩和扩张耦合类型,研究期间脱钩关系以扩张负脱钩为主逐渐转变为以弱脱钩为主;湖北省农村转出农业人口和农村建设用地转型之间的耦合关系为强脱钩类型,即农业人口转出农村人口减少,但农村建设用地面积仍旧在增长,县级单元尺度上两者以强脱钩为主,但研究期间衰退脱钩、扩张负脱钩和弱负脱钩类型有增多的趋势;湖北省经济增长和交通建设用地转型之间的耦合关系属于扩张负脱钩类型,即经济增长的速度大于交通建设用地面积增长的速度,从县级尺度看,两者的脱钩关系呈现扩张耦合、扩张负脱钩和弱脱钩3种,其中以扩张负脱钩为主,但研究期间扩张耦合和弱脱钩类型有增多的趋势。

(4)建设用地转型是人类社会经济发展和自然条件共同作用的结果。自然地理条件是建设用地转型形成的基本条件,社会经济发展则对建设用地转型有促进作用。在分析建设用地转型驱动机制时,综合考虑驱动因素差异化作用机制。通过定量分析,城镇建设用地转型的主要驱动因素为到市中心距离、到县中心距离、高程、人均GDP、人口密度、固定资产投资额、二产业比重、农林牧渔总产值、农村居民可支配收入等;农村建设用地转型的主要驱动因素是到县中心距离、到主要河流距离、城镇化率、工业生产总值、财政支出、农村居民可支配收入等;交通建设用地转型的主要驱动因素是到市中心距离、到县中心距离、到省道距离、坡度、固定资产投资额、二产业比重、农林牧渔总产值、农村居民可支配收入等;工矿及其他建设用地转型影响因子较少,只有到主要河流距离和城镇居民可支配收入等对工矿及其他建设用地转型具有一定的影响作用。

(5)在湖北省建设用地转型特征及机理分析的基础上,依据湖北省建设用地转型存在问题,设定了建设用地转型优化调控目标和原则,并针对建设用地转型分区优化和政策调控两个方面进行了讨论。根据建设用地转型特征及耦合分析结果,在县级尺度上将湖北省建设用地转型分为集约加强区、集约退化区、粗放改善区和粗放加剧区 4 种类型分区,农村建设用地转型主要分为合理优化区、加强整理区和深度挖潜区 3 种类型分区,交通建设用地转型主要分为重点建设区、合理改善区和调整优化区 3 种类型分区,并从新增建设用地指标分配和农村建设用地整理的角度提出了相应的分区优化策略。最后,从建设用地总量控制和差异化管理、农村建设用地使用制度改革和城乡建设用地流转、跨区域建设用地统筹和多要素挂钩调控 3 个方面提出了建设用地转型政策调控建议。

著者

2023 年 6 月

目 录

第1章 绪 论 ··· (1)
  1.1 研究问题的提出 ··· (1)
    1.1.1 研究背景 ··· (1)
    1.1.2 研究意义 ··· (3)
  1.2 国内外研究综述 ··· (4)
    1.2.1 建设用地转型研究 ·· (4)
    1.2.2 建设用地转型与经济社会发展耦合关系研究 ··························· (7)
    1.2.3 建设用地转型驱动机制研究 ·· (8)
    1.2.4 建设用地转型的优化调控研究 ······································ (9)
    1.2.5 现有研究存在的不足 ··· (10)
  1.3 研究内容与研究结构 ·· (11)
    1.3.1 研究内容 ·· (11)
    1.3.2 研究结构 ·· (12)
  1.4 本章小结 ·· (14)

第2章 相关理论方法与研究区概况 ··· (15)
  2.1 基本概念 ·· (15)
    2.1.1 建设用地 ·· (15)
    2.1.2 转型 ·· (16)
    2.1.3 土地利用形态 ·· (16)
    2.1.4 土地利用转型 ·· (16)
  2.2 基础理论 ·· (17)
    2.2.1 人地关系理论 ·· (17)
    2.2.2 区域可持续发展理论 ··· (18)
    2.2.3 城镇化发展阶段理论 ··· (19)
    2.2.4 地理区位理论 ·· (20)
  2.3 主要技术方法 ·· (23)
    2.3.1 空间自相关分析 ·· (23)
    2.3.2 脱钩理论及模型 ·· (25)
    2.3.3 空间计量回归模型 ·· (27)

  2.4 研究区概况与数据处理 ·· (29)
    2.4.1 研究区概况 ·· (29)
    2.4.2 数据来源与处理 ·· (35)
  2.5 本章小结 ··· (37)

第 3 章 建设用地转型特征研究 ·· (38)
  3.1 研究思路与方法 ··· (38)
    3.1.1 研究思路 ·· (38)
    3.1.2 研究方法 ·· (39)
  3.2 显性形态转型特征分析 ··· (41)
    3.2.1 建设用地数量转换特征 ··· (41)
    3.2.2 建设用地结构转换特征 ··· (46)
  3.3 隐性形态转型特征分析 ··· (49)
    3.3.1 建设用地经济效益 ··· (49)
    3.3.2 建设用地集约强度 ··· (56)
  3.4 本章小结 ··· (62)

第 4 章 建设用地转型与农业转移人口及经济发展的脱钩关系研究 ··············· (65)
  4.1 研究思路与方法 ··· (65)
    4.1.1 研究思路 ·· (65)
    4.1.2 研究方法 ·· (66)
  4.2 城镇建设用地转型与吸纳农业转移人口的脱钩关系 ························ (67)
    4.2.1 城镇吸纳农业转移人口情况 ··· (67)
    4.2.2 城镇建设用地转型与吸纳农业转移人口脱钩关系 ······················· (69)
  4.3 农村建设用地转型与农村转出人口的脱钩关系 ······························ (73)
    4.3.1 农村转出人口情况 ··· (73)
    4.3.2 农村建设用地转型与农村转出人口脱钩关系 ····························· (75)
  4.4 交通建设用地转型与经济增长的脱钩关系 ···································· (79)
    4.4.1 经济发展情况 ·· (79)
    4.4.2 交通建设用地转型与经济增长脱钩关系 ··································· (80)
  4.5 本章小结 ··· (85)

第 5 章 建设用地转型驱动机制研究 ··· (87)
  5.1 研究思路和方法 ··· (87)
    5.1.1 研究思路 ·· (87)
    5.1.2 研究方法 ·· (88)
  5.2 建设用地转型的内生驱动机制 ·· (88)
    5.2.1 驱动因子的选取 ·· (89)
    5.2.2 驱动因子空间可视化 ·· (89)
    5.2.3 空间计量回归模型的选择 ·· (90)

5.2.4 转型驱动结果分析 ………………………………………………… (91)
　5.3 建设用地转型的外生驱动机制 …………………………………………… (92)
　　5.3.1 驱动因子的选取 ……………………………………………………… (92)
　　5.3.2 驱动因子的可视化 …………………………………………………… (93)
　　5.3.3 空间计量回归模型的选择 …………………………………………… (93)
　　5.3.4 转型驱动结果分析 …………………………………………………… (94)
　5.4 建设用地转型的政策驱动机制 …………………………………………… (96)
　　5.4.1 经济结构调整对建设用地转型的影响 ……………………………… (96)
　　5.4.2 粮食安全制度与建设用地转型 ……………………………………… (97)
　　5.4.3 城乡统筹发展政策与建设用地转型 ………………………………… (98)
　5.5 本章小结 …………………………………………………………………… (99)

第6章 建设用地转型的优化调控研究 ……………………………………… (101)
　6.1 研究思路 …………………………………………………………………… (101)
　6.2 建设用地转型优化调控存在问题 ………………………………………… (102)
　　6.2.1 建设用地规模扩张过快,内部发展不平衡 ………………………… (102)
　　6.2.2 集约程度偏低,建设用地效益有待提升 …………………………… (103)
　　6.2.3 建设用地利用与社会经济发展脱钩,城乡土地利用失衡 ………… (103)
　6.3 建设用地转型优化调控目标与原则 ……………………………………… (104)
　　6.3.1 建设用地转型优化目标 ……………………………………………… (104)
　　6.3.2 建设用地转型优化调控原则 ………………………………………… (104)
　6.4 建设用地转型分区优化 …………………………………………………… (105)
　　6.4.1 城镇建设用地转型分区优化 ………………………………………… (106)
　　6.4.2 农村建设用地转型分区优化 ………………………………………… (108)
　　6.4.3 交通建设用地转型分区优化 ………………………………………… (110)
　6.5 建设用地转型政策调控建议 ……………………………………………… (113)
　　6.5.1 控制建设用地总量,实行差异化管理政策 ………………………… (113)
　　6.5.2 加快农村建设用地使用制度改革,促进城乡建设用地流转 ……… (113)
　　6.5.3 跨区域建设用地统筹和多要素挂钩调控 …………………………… (114)
　6.6 本章小结 …………………………………………………………………… (115)

第7章 研究结论与展望 ………………………………………………………… (116)
　7.1 研究结论 …………………………………………………………………… (116)
　7.2 研究展望 …………………………………………………………………… (118)

主要参考文献 ……………………………………………………………………… (120)

第1章 绪 论

1.1 研究问题的提出

土地资源为人类各种社会经济活动提供物质载体,是区域经济和社会发展的基础条件和资源保障。区域土地利用和经济社会发展关系密切,二者之间保持相互促进或相互制约的关系。一方面,人类的各种社会经济活动会导致土地利用格局的变化,同时区域的土地利用变化情况又会影响地区自然、经济社会发展的进程和质量。因此,区域社会经济发展和转型过程中所带来的各种问题均可以在土地上反映出来。随着区域经济发展和城市化水平的不断提高,人类的生产、生活活动不断拓展和加强,导致建设用地快速扩张,并引发耕地大量流失、区域生态环境恶化等土地利用问题,地区所面临的粮食安全、环境保护和可持续发展压力加大。我国正处于社会经济转型和城乡转型关键期,土地利用转型特别是建设用地转型研究已经成为城乡统筹发展、生态文明建设和社会经济可持续发展的迫切需要。在此基础上,分析建设用地在社会经济发展影响下的转型趋势和差异,从形态演变和时空分异角度探究建设用地转型的规律与机理,可以为促进城乡建设用地资源可持续利用、制定合理的建设用地规划调控政策提供决策依据。

建设用地转型是建设用地利用形态在社会经济转型的驱动下和国家发展战略/政策引导下由一种形态向另一种或多种形态转变与演化的过程,并呈现出复杂性、阶段性和系统性等特征。建设用地转型是以自然地理条件为基本形成条件,并在某一特定时期和发展阶段,在国家/地区发展战略和政策引导及区域社会经济发展等外部因素刺激下引发建设用地供需的变化,从而改变建设用地的数量、结构、效益等始末形态,这种改变需要通过一定转型路径/模式来满足建设用地利用供给和需求。

1.1.1 研究背景

自实施改革开放政策以来,我国的社会经济发展取得了巨大成就,工业化和城镇化都进入了快速发展阶段,但社会经济发展面临的土地资源压力也日益增大,建设用地的快速扩张是现阶段我国土地利用/覆被变化(LUCC)的最主要特征,并成为中国土地利用问题研究的热点(Liu et al.,2005;Huang et al.,2007;吕晓等,2013a,2015a)。从以往的研究看,国内外很多学者对中国不同时空尺度的建设用地扩张开展了大量的研究,并取得了很多有价值的研究成果。以往的研究大多是在 LUCC 的基本框架内进行的关于建设用地扩张的时空特征、驱动力、模拟优化、生态环境效应以及管理调控等方面的研究。但是,LUCC 是一个复杂的过程,为了避免研究的片面性,需要结合新时期社会经济发展特征提出新的研究理论,发展新的研究方法,拓展新的研究渠道(蔡运龙,2001)。土地利用转型通过整合社会经济和环境变化作为具有时间尺度和历史背景的土地利用变化的研究方法,是全球土地研究计划(global land project,GLP)研究的重要科学问题。近年来被龙花楼等学者引入中国之后,结合中国的社会经济特点迅速开展(龙花楼,2003a,2012;Long et al.,2012)。

中国正面临社会经济发展重要转型,这个过程中所面临的资源环境问题日益严重。我国人口众多、耕地资源稀缺的基本情况使建设用地扩张和耕地资源保护之间的矛盾日益突出,需要采取科学的方法以解决过去不合理的社会经济发展和土地利用模式导致的区域不均衡发展、城市过度增长、耕地资源快速减少、城市雾霾等社会经济生态问题,需求可持续的社会经济发展模式已经成为土地利用管理领域相关学者和政府部门关注的焦点(陆大道,2009;刘纪远等,2016)。

随着过去数十年我国经济快速增长,中国经历了快速的城市化发展历程。中国的城市化水平由1978年不到18%增长到现在超过了50%。随着城市化进程的推进,大量人口由农村迁移到城市,随之为城市带来了巨大生产和生活建设用地需求。在这个过程中,城市建设用地面积增加是必然的,农村居民点面积则应随着人口城市化而减少。由于城市建设用地集约度比农村居民点高,城乡建设用地总量应逐步减少,而事实并非如此。如表1-1所示,在2009—2016年间,全国城镇村及工矿用地面积从29.24万km^2增长到31.79万km^2,共增长了2.56万km^2,增长率为8.75%。其中城镇建设用地从7.59万km^2增长到9.43km^2,7年间增长了24.25%,而农村建设用地由18.59万km^2增长到19.20km^2,共增长了0.61万km^2。而此期间乡村人口由6.89亿人减少到5.90亿人,共减少了0.99亿人。农村建设用地不降反增,人均农村建设用地面积由2009年的269.7m^2增长到2016年的325.58m^2,明显高于《镇规划标准》(GB 50188—2007)设定的人均150m^2农村建设用地的标准。人均城镇建设用地面积在2009—2016年间有一定幅度的增长,由117.66m^2增长到118.94m^2,高于《国家新型城镇化规划(2014—2020年)》规定的人均110m^2的控制值。建设用地的快速扩展占用了大量的耕地和林地等土地资源,对区域粮食和生态安全产生了重大威胁。虽然我国出台了最严格的耕地保护和土地集约利用制度,但由于受经济效益和政绩等多重利益的驱使,各地长期存在着对耕地资源占优补劣、建设用地利用轻挖潜重扩张、土地利用重视规模忽略效益等问题(戴均良等,2010;陈逸等,2012)。为解决普遍存在不合理的土地利用问题,党中央在全国第十八次代表大会报告中提出了"节约集约利用资源,推动资源利用方式根本转变"以及"建立城乡统一的建设用地市场"的土地利用要求,以改变资源利用与配置方式,突破发展的土地资源"瓶颈",促使土地利用方式转型。这为研究建设用地转型提供了现实背景。

表1-1 2009—2016年全国建设用地指标变化情况

人口和建设用地指标	2009年	2016年	变化量	变化率(%)
城镇人口(亿人)	6.45	7.92	1.47	22.79
乡村人口(亿人)	6.89	5.90	−0.99	−14.37

续表 1-1

人口和建设用地指标	2009 年	2016 年	变化量	变化率(%)
城镇化率(%)	48.34	57.35	9.01	18.64
城镇村及工矿用地(万 km²)	29.24	31.79	2.56	8.75
城镇建设用地(万 km²)	7.59	9.43	1.84	24.25
农村建设用地(万 km²)	18.59	19.20	0.61	3.27
人均城镇建设用地(m²/人)	117.66	118.94	1.27	1.08
人均农村建设用地(m²/人)	269.70	325.58	55.88	20.72

注:建设用地面积统计数据来源于国土资源部公布的第二全国土地调查成果和 2016 年全国土地变更调查成果,人口数据来源于《中国统计年鉴 2016》。

随着城镇化的发展,我国政府逐渐放松了对居民户籍管理的限制,居民可以在区域、城乡之间自由流动。我国农村的大量富余劳动力融入城市以寻求更高的收入、更好的生活条件和更多的工作机会(Zhang and Song,2003)。但是,这种城乡人口的转移导致了中国的城乡用地陷入一种困境,即随着城市人口的增长导致更多的城市生产生活用地需求,与此同时,农村的大量居住用地被废弃,形成了广泛的"空心村"现象(Chen et al.,2014)。为了解决城市建设用地需求紧张和农村建设用地利用不合理问题,推动城乡统筹发展和建设社会主义新农村,中国政府于 2006 年实施了城乡建设用地"增减挂钩"政策,该政策是为了将新增的城镇建设用地和减少的农村建设用地联系起来,最终实现建设用地总量平衡(Long et al.,2012;Wang,2012)。"增减挂钩"政策有力地支持了社会主义新农村建设,促进了城乡统筹发展,破解保持了城市建设用地供应和耕地保护"两难"的困境(Long et al.,2009;Liu,2011),但是受制于中国土地制度改革的滞后性,在政策执行过程中出现了地方政府为了促进经济发展而盲目追求新增建设用地,进而出现了违背农民意愿的强拆强建现象,严重侵犯了农民利益。为了缓解城乡建设用地矛盾,2016 年国家有关部委发布了《关于建立城镇建设用地增加规模同吸纳农业转移人口落户数量挂钩机制的实施意见》,开始推广执行建设用地利用的"人地挂钩"政策。该政策对建设用地利用的管控原则是"根据城镇吸纳农业转移进城落户的人口数量,合理确定新增城镇建设用地规模",这是促进城乡建设用地资源统筹分配和城乡协调发展的又一重大举措和制度创新。通过一系列城乡建设用地利用政策和制度的实施,城乡建设用地利用的优化和转型迎来了新的机遇和动力,为研究快速城市化背景下建设用地转型提供了政治制度背景。

1.1.2 研究意义

国家或区域社会经济发展影响土地利用形态,同样土地利用形态对社会经济的发展也会产生作用,正是两者之间的这种相互作用引发了土地利用转型(Grainger,1995;龙花楼,2003a,2012)。建设用地是人类生产生活的基本场所,其利用基本状况变化是对社会经济发展的直接反映,与区域经济发展及相关问题具有紧密联系(Lambin and Meyfroidt,2010;吕立刚等,2013;谢高地等,2015;Liu et al.,2015a)。系统地刻画建设用地转型特征,探究建设用地在一定区域和尺度下,某时间段内其转型的时空差异和趋势,总结建设用地转型规律并探寻转型机理,可以为解决城乡发展过程中建设用地利用难题,构建建设用地规划管理政策体系,以及促进区域可持续发展提供决策辅助信息。

由于湖北省区域间社会经济发展程度和自然地理条件差异巨大,其土地利用的格局也有明显的时空分异特征。总体来看,东部地区属于经济发展水平较高地区,其建设用地比重较大,建设用地扩展速度和集约利用程度也相对较高,西部多山地区由于经济发展水平相对较低,建设用地利用扩展速度较慢且集约利用程度也不高。2009—2016年湖北省城镇化率由46%增长到58.1%,在2011年首次超过了50%。根据Northam城市化发展阶段理论,湖北省目前和未来一定时间内均处于城镇化快速发展阶段(Northam,1979)。2009—2016年,湖北省经济社会发展进入快车道,城市化发展加速。快速的城市化对区域可持续发展特别是土地资源的持续和健康利用产生重大影响。近年来,武汉城市圈成为资源节约型和环境友好型社会(简称"两型社会")建设示范区,长江中游城市群的发展成为国家发展战略,党中央相继制定和实施了一系列重大发展战略与重大工程,如"主体功能区划""西部大开发""中部崛起"等都为湖北省当今和未来一定时间内的发展带来重大机遇,使湖北省国土开发空间格局发生重大调整与结构性变化。但长期存在的不合理土地利用制度,使得湖北省近年来建设用地面积快速扩张,各类农用地和生态用地被大量占用,严重威胁区域的粮食生产和生态安全。因此快速准确地掌握新时期湖北省建设用地利用转型格局及其规律是当前亟待解决的重大科学问题。本书基于湖北省第二次全国土地调查数据(2009年)和2010—2016年湖北省各年度的土地变更数据,对湖北省建设用地在2009—2016年间时空变化及建设用地内部结构如交通建设用地、城镇建设用地、农村建设用地、工矿及风景名胜等建设用地的结构和空间形态变化进行了深入分析,并分析了湖北省城乡用地转型与社会经济发展之间的耦合关系,为今后建设用地利用管控和优化提供决策建议。通过对湖北省建设用地转型的定量化研究分析,掌握建设用地转型的时空特征,探究转型机理,有利于促进对建设用地的合理利用及建设社会主义生态文明。

1.2 国内外研究综述

1.2.1 建设用地转型研究

1.2.1.1 土地利用转型

土地利用转型研究是在土地利用/覆被变化(LUCC)研究的基础上发展而来的。自1995年"国际地圈-生物圈计划"(IGBP)和"全球环境变化人文计划"(IHDP)编辑出版LUCC项目的《科学计划研究》以来,在全球各地开展了不同尺度、不同背景的系列研究,成为资源环境领域研究的热点(Desanker,1997;Lambin et al.,1999)。土地利用/覆被变化是一个复杂的系统演变过程,涉及自然、经济、社会、生态等众多方面。为了适应新时期社会经济发展,使LUCC研究不断适应当前社会经济发展对土地管理的新需求,土地利用变化研究需要不断拓展途径,土地利用转型研究就随之产生(龙花楼,2003a)。

20世纪90年代,苏格兰阿伯丁大学的地理学家Mather基于对森林土地资源变化的研究,首次提出了森林转型的假说(Mather,1992)。在相关领域学者对森林转型的机制和规律还在进行系统的探索时,英国利兹大学的学者Grainger于1995年在研究主要的林业国家的土地利用问题时提出了土地利用转型这一概念(Grainger,1995)。土地利用转型研究是LUCC研究的新途径(蔡运龙,2001;龙花楼,2003a;Lambin and Meyfroidt,2010)。21世纪初期,土地利用转型这一LUCC研究的最新概念和途径,被中国科学院北京地理所龙花楼研究员学习并推广到国内,吸引了广大学者结合中国的社会经济发展特点进行了大量的相关研究,由最开始涉及土地利用转型的基本理念(龙花楼,2003a)、相关理论(龙花楼,2006)和假说(李秀彬,2008),发展到土地利用方式、结构等方面的转型(杨永春等,2009;吴俊范,2010),研究的对象也由单一土地利用的转型(龙花楼和李秀彬,2005;马继红,2009)发展到土地利用转型与其他土地利用经济社会活动的关系(龙花楼,2003b;龙花楼和李秀彬,2006)等方面。此后,土地利用转型研究不断与中国社会经济发展的重大问题结合,并吸引了土地管理者的注意(宋小青,2017)。土地利用转型是在地区经济发展和社会变革等因素的作用下,与社会经济转型发展阶段相适应的土地利用各种显性形态和隐性形态发生转换的过程(龙花楼,2012)。

当前阶段,我国的土地利用及管理面临着城镇建设用地无序扩张和农村宅基地低效利用,耕地被大量占用、质量退化、景观破碎化程度加剧及过度集约利用等问题(Liu et al.,2014;Chen et al.,2014)。龙花楼(2003a)基于国外土地利用转型相关研究,结合我国的实际情况提出由于区域社会经济发展程度差异致使在同一阶段出现不同土地利用转型态势的观点,并以长江经济带开展了实证研究。陆大道等(2006)认为土地利用转型是土地利用规划中必须体现的一个重要理念,在编制新的土地利用规划时必须重点关注。龙花楼(2006)在研究中国房屋变迁的过程中,对中国宅基地的转型提出了相应的假说:由于经济和社会的发展,在新增加的建设用地中,农村宅基地所占的比重会由高向低逐渐发展,并会趋向一个固定值。李秀彬(2008)对农用地变化的四大假设及其环境效应的三大命题进行了综述,分析了土地利用的情景模拟和远景设计。通过以上实践研究,在对土地利用转型的假说、理念和理论进行研究的基础上,学者们进一步探索,逐步厘清了土地利用转型的概念。此外国内外对土地转型的研究还涉及土地利用转型的资源环境效应(孔祥斌,2012;吕立刚等,2013;刘永强等,2015)、土地利用转型和城乡发展研究(龙花楼等,2006;郭素君和张培刚,2008;杨永春和杨晓娟,2009;龙花楼,2012;李菁等,2015),以及特定地类或者某一区域的土地利用转型(陈龙等,2015)。有关学者在国内外一些权威期刊上相继发表了有关中国耕地转型或农村宅基地转型(Long et al.,2007,2012;Song et al.,2015;Li et al.,2015)及土地利用转型引发的社会经济生态效应(Xu et al.,2006,2008;Long et al.,2014;Chen et al.,2014;Liu et al.,2015b)等成果,对土地利用转型研究起到了很大的促进作用。

1.2.1.2 建设用地转型

建设用地扩张是中国快速城镇化过程中土地利用变化的最主要特征,也是中国土地利用和管理领域研究关注的热点问题(Liu et al.,2005;Huang et al.,2007;吕晓等,2013b,

2015b)。作为区域发展中人口和社会经济活动的主要聚集区,建设用地的变化是区域社会经济发展的直观表征,与当前面临的各种社会经济生态问题有密切联系(谢高地等,2015)。通过有关研究科学把握建设用地转型特征与机理,可以为今后制定合理的建设用地规划管理政策、实现社会经济可持续发展提供重要依据。

建设用地转型是以往建设用地扩张和变化研究的扩展与延伸,是指在一定阶段社会经济转型发展背景下建设用地数量(面积、份额)、空间结构、利用效率、经营方式等形态的动态演变过程。建设用地转型多以与之相关的建设用地变化(段学军等,2009;蔡芳芳和濮励杰,2014;Liu et al.,2015a,2016)和城市扩张等形式出现(蒋芳等,2007;Hu et al.,2015;Wei et al.,2017)。目前具体类型的建设用地转型研究主要集中在农村宅基地上(龙花楼,2006;Li et al.,2015;Ma et al.,2018)。在具体研究内容上,学者们从具体的建设用地时空变化的特征分析(曹银贵等,2013)、驱动机制探索(Jiao et al.,2015)等方面,借助于"3S"技术(蔡芳芳和濮励杰,2014)、数理统计(刘永强和龙花楼,2016)、空间计量(郭椿阳等,2016)等多种科学手段,对建设用地在国家(刘纪远等,2014)、省(Gao et al.,2014)、市(张占录,2009;Chen et al.,2016)等不同尺度下的时空演变规律开展了大量研究,并取得了较为丰富的成果和可借鉴的经验。综合土地利用转型理论内涵可知,作为建设用地变化研究的新途径,建设用地转型研究主要涉及建设用地数量、结构及空间分布等显性形态变化,以及权属、利用强度、经济效益等隐性形态的变化。

1)建设用地显性形态转型研究

建设用地显性形态转型研究主要反映在建设用地在数量、结构、分布等方面在时间和空间上的变化特征。建设用地特别是城镇建设用地显性形态变化是一项重要的城市发展研究内容,也是对全球环境变化研究的基础性研究工作(Turner et al.,2007)。借鉴有关研究成果,预测发展中国家的城市建设用地规模将由 2000 年的 30 万 km^2 扩张到 2030 年的 77 万 km^2,到 2050 年其规模将会达到 120 万 km^2(Angel et al.,2011),亚洲和南美洲的一些正在快速发展的新兴国家是今后一段时间内全球城市用地面积扩张最快的地区(Schneider and Woodcock,2008;王婧和方创琳,2011)。当前建设用地显性形态转型研究主要从两方面开展:一是利用不同时期的统计数据进行对比分析;二是将两期或多期建设用地矢量分布数据进行叠置分析,提取研究时间段建设用地变化面积的来源及去向,通过构建相应指标来描述建设用地的面积、结构及空间格局的时空特征等显性信息。通常,后者的分解结果更容易挖掘出具有空间内涵的信息。通过叠加分析,有关学者指出,从拓扑学的角度,建设用地扩张可以归纳为蔓延型、填充型和跳跃型 3 类(Xu et al.,2007)。但是,不同的建设用地类型和结构,其空间扩张模式会有显著差异。比如 1982—1997 年间,北京市的城镇建设用地扩张在空间上具有蔓延性圈层特征,而工业用地扩展则较为离散或者呈轴向集中(Liu,2002)。很多学者构建了"景观格局直属""城市生长极核""城市生长极带"等模型,分析一定时间段城市用地增长模式及时空差异等,取得了较好的分析结果(李加林等,2007;刘小平等,2009;Buyantuyev et al.,2015)。此外,关于全国及长江经济带、三峡库区等地农村居民点的数量、格局变化及"空心村"等问题也是学者们关注的热点(田光进等,2003;陆大道等,2006;李裕瑞等,2010;Liu et al.,2010;周伟等,2011)。

2) 建设用地隐性形态转型研究

建设用地隐性形态转型所涉及的权属、用途及经济效益等方面的转换一般发生在农村建设用地征收或者农村宅基地流转等过程中,投入产出变化则主要通过建设用地集约利用强度和利用经济效益的变化体现。近年来城镇化过程中出现大量的农用地征收以及农村集体建设用地流转,这些现象引发建设用地利用的权益、使用方式等隐性形态变化,成为建设用地转型研究关注的热点(胡伟艳,2009;曲福田,2010)。有的学者从土地城镇化过程中探讨建设用地由农村集体转向城镇国有的性质转型及其带来的建设用地效益的提升(李昕等,2012)。在政治制度层面,农用地征收过程中农民权益受损所引发的社会经济问题是研究的热点(李昕等,2012)。任何时候任何地区的建设用地利用转型都是在自然系统、经济系统和体制系统三重系统的相互作用、相互关联的框架内发生的(李秀彬,2002;龙花楼,2012)。在建设用地效率、集约度等隐性形态变化方面,已经开展了广泛研究并取得了丰富成果(Oh et al.,2004;Taleai et al.,2007;陈春和冯长春,2011;赵小风和黄贤金,2012;吕晓等,2013b)。

1.2.2 建设用地转型与经济社会发展耦合关系研究

建设用地转型是指区域社会经济转型发展所引发的建设用地形态的演变。建设用地转型和社会经济发展关系密切,两者相互促进同时也相互制约。很多研究证明,建设用地的扩张和区域经济发展具有明显的相关关系(Deng et al.,2010;钟太洋等,2010;Wu and Zhang,2012)。建设用地扩张对区域二三产业的发展具有重要贡献,同时建设用地的变化也对不同阶段的降级发展产生差别化的响应(姜海和曲福田,2009)。但是,建设用地变化对经济发展的响应会因为研究区域或者数据获取渠道不同而表现出差异。今后不能仅仅关注建设用地与经济增长的关联,更需要深入分析典型的建设用地转型与经济社会发展变量之间的耦合互动关系及其时空特征(吕晓等,2015a)。

有关学者选取城镇化发展和建设用地变化作为研究对象,分析两者之间相互影响机制,发现两者在较长时间内均处于相对均衡的发展状态,建设用地扩张是城镇化发展的必然结果,但是短期内,城镇化发展对建设用地扩张并不会起到直接的诱导作用(吴次芳等,2009)。有的学者对建设用地转型和土地利用的非农化现象进行了研究,并从发展过程、相关关系、作用机理、协调耦合等方面建立起研究框架(胡伟艳,2009)。我国现在正处于乡村转型发展阶段,这个过程中很多社会经济问题都在土地利用转型上得到反馈。乡村转型发展促进了区域土地利用的转型,土地利用反过来也会作用于乡村转型,乡村转型发展和城乡土地转型之间存在着一定程度的耦合关系(龙花楼,2012)。在城镇化发展过程中,我国建设用地隐性形态的变化主要体现在由农村集体土地转变为城市国有土地。改革后,出于提高经济收入和改善生活水平等目的,大量的农村富余劳动力由农村迁移到城市寻找新工作,这个人口大迁移过程大大促进了我国城市经济发展和城市化水平的提高(Deng et al.,2008)。作为城市化和经济发展的重要动力,城乡人口流动促进了城市人口的快速增长并引发了巨大的城市建设用地扩张需求(Huang et al.,2015)。但是在城镇建设用地蔓延和扩张过程中,出现了"冒进式城镇化"等城市过快增长现象(陆大道等,2007;吕萍等,2008;李昕等,2012)。长期的农村人口向城市迁移和农村土地利用制度限制,我国很多地区的农村都出现"空心化"现象,这导致了农村建设用地的低效利用。通过有关实证分析可知,我国农村建设用地具有重大的整治潜力(刘彦随等,2009;陈玉福等,2010;Long et al.,2012)。人口城镇化、土地城镇化及经济城镇化等相互之间的耦合关系也一直是建设用地转型研究的重要问题,国内很多学者从不同尺度或者选取典型研究区对其中两者或三者之间的耦合关系进行了全面分析,通常的研究共识是我国土地城镇化速度过快,土地城镇化、人口城镇化和经济城镇化相互之间普遍存在不协调问题(陈凤桂等,2010;范进和赵定涛,2012;曹文莉等,2012)。需要注意的是,我国长期执行的城乡二元结构导致城乡土地市场分割是制约建设用地形态变化的关键因素,深刻影响着建设用地转型(吕晓,2015a)。建设用地转型与社会经济发展的耦合关系具有复杂的表现形式,今后应以建设用地结构和具体用地类型为抓手,根据社会经济转型中流动人口、经济发展等主控因素与具体类型的建设用地之间的互馈作用机理,为建设用地转型与社会经济发展耦合关系探索新的研究途径。

1.2.3 建设用地转型驱动机制研究

建设用地转型驱动力是指导致建设用地数量和形态方式变化的相关社会经济与生物物理条件(摆万奇和赵士洞,2001),驱动力研究是进行土地利用变化有关的人地关系、全球环境变化研究的核心,也是LUCC的核心研究领域(李秀彬,1996;樊杰和吕昕,2002)。建设用地的扩张对区域社会经济发展具有保障作用的同时,也导致了威胁国家粮食安全、损害农民权益、破坏生态环境等一系列问题(赵可等,2011)。因此,需要通过城镇建设用地转型驱动力研究,定量揭示建设用地转型驱动因子的作用机制和过程。建设用地转型是建设用地变化演进到一定阶段的产物,建设用地转型机制研究应始于建设用地转型驱动因素的识别。建设用地转型驱动因素分为内生驱动因素和外生驱动因素。其中表层驱动因素是指一定时间段内人类的直接活动如基础设施建设、城市扩张、农地扩张及环境变化等;深层驱动因素通过作用于表层驱动因素来影响建设用地转型,包括人口、经济、技术、制度、文化和区位因素等(Lambin et al.,2001;Geist and Lambin,2002;Qasim et al.,2013;Vliet et al.,2015)。

1.2.3.1 社会经济驱动因素

人口、经济、技术、制度等社会经济因素的变化是导致全球LUCC变化的主要驱动力(Serra et al.,2008)。相对于其他类型土地的变化,建设用地更容易受到各类社会、经济、政策等因素的影响(Alig and Healy,1987;Verburg et al.,1999)。在建设用地扩张分析的基础上,国内外学者采用数学统计分析模型、空间分析模型等方法对影响不同区域或城市的建设用地扩张因素进行分析。国外学者通过对建设用地扩张与社会经济要素之间的相关性进行研究,发现城市人口变化、居民收入增长是建设用地扩张的主要原因,如Camagni等(2002)对欧洲建设用地扩张与居民收入增加的相关性进行了研究;Currit and Easterling(2009)通过分析得出墨西哥奇瓦瓦州建设用地利用的驱动因子为经济全球化和人口密度;Brueckner and Fansler(1983)以美国大都市区为例测算分析了城市用地的扩张与人口激增、居民收入、交通成本等要素的关系,证明人口因素和收入水平与城市扩张呈显著的正相关性。Heilig(1997)在对中国的土地利用进行变化研究后提出,影响中国城市扩张的主要人文因素为人口激增、城市化、工业化、生活及消费方式的改变及相关政治经济政策的实施。

国内学者对建设用地扩张转型的社会经济驱动机理也进行了大量研究,研究内容和方法不断丰富与改进。如古维迎等(2011)构建了面板数据回归模型,比较分析了经济增长因素和城市规划因素等对滇池流域建设用地规模、人均建设用地面积的影响;李平星和孙伟(2013)在分析苏南地区城市扩张的过程和效应特征的基础上,探讨了全球化、区域政策、区位条件和后发优势等对城市扩张热点形成、变化和序位规模改变的影响;罗媞等(2014)运用多元回归模型分析了城乡人口变化、产业发展以及耕地保护、生态安全、建设用地增加挂钩等政策要素对建设用地变化的影响和作用;温阳阳等(2016)基于 STIRPAT 模型对河南省及 18 个地市建设用地扩张的社会和经济相关的驱动因素进行分析,结果反映城镇化率、地区总人口、公路里程和农村家庭人均纯收入是影响河南省建设用地扩张的共性驱动因素;黄宝荣等(2017)对我国 2000—2010 年的建设用地扩展利用空间回归方法进行了驱动力分析,研究结论反映我国建设用地扩张受到各种经济、人口和政策因素的广泛影响。研究结果表明,随着我国城镇化进程的不断加速,大多数地区建设用地转型受到区域社会经济发展因素的显著影响。

1.2.3.2 自然驱动因素

自然条件为土地利用和分布提供了环境和物质基础,是土地利用变化的先决条件。自然驱动因素包括土地利用系统内各种自然生物条件的组合,包括地形、地貌、地质、土壤、水资源、气候等。自然条件在不同的区域、空间尺度和时间维度上具有明显的差异,这为土地利用变化的区域差异创造了基础条件(郭斌等,2008)。在较短的时间尺度上,区域的自然因素是相对稳定的,但对土地利用变化的作用存在积累效应(Turner et al.,1992)。影响建设用地转型的自然驱动因素包括地形坡度、生态环境变化、自然灾害等方面(Lambin et al.,2001,2003)。

有关研究证实,土地利用和区域地形、坡度等自然条件有显著相关关系(叶宝莹等,2002)。王静爱等(2002)对北京市城乡接合部地区的土地利用变化的分析显示,土地利用受地形因素影响显著;魏蕾娜等(2014)认为,高程等自然因素对土地利用的分布具有明显的约束作用,各种不同的土地类型在高程带上具有显著的空间分布差异;有关学者通过自然灾害评估模型分析得出,土地的不合理利用容易诱发自然灾害,这对建设用地的分布格局和开发具有明显的限制作用(游珍等,2013;韦仕川等,2014)。

自然因素对土地利用转型的作用需要较长时间积累而成,这和社会经济等因素在短期内可以改变土地利用形态的驱动作用不同。但作为土地分布和利用空间差异的基础条件,在建设用地转型驱动机制分析时应加以考虑。

1.2.4 建设用地转型的优化调控研究

建设用地转型会引发复杂的连锁效应,引发一系列社会经济生态问题,如建设用地低效利用、占用耕地资源和破坏生态环境等,采用何种方法以解决这些问题是当前土地管理者和学者研究的重点。国外的学者结合生态保护的大背景,通过相关技术评价体系建立生态敏感性指数,并以此为基础划定不同的限制发展区,以建立城市增长边界或管控分区,控制城市建设用地的无序蔓延(Couch and Karecha,2006)。另外,通过规划的方法控制城镇建设用地的无序蔓延也是国际上通用的建设用地管控方法,美国提出的"城市增长边界"(UGB)和英国制定的"绿带"政策较具代表性(林坚,2007)。同时,也有学者从经济学的角度主张通过市场调控和财政税收等政策对建设用地转型中出现的无序蔓延问题进行管控。采用土地利用规划政策以行政手段影响土地市场或者通过"多规合一"政策将各类建设用地相关规划合并、对农用地的非农化现象进行限制等都被认为是有效的建设用地转型优化调控手段(Munroe et al.,2005;孙萍等,2011)。虽然通过征收建设用地开发影响费、实现税收费用的分级引导等手段都能明显地对建设用地使用起到管控作用,但是从实际操作和长远效率看,利用产业结构调整、土地利用专项规划调控、投资引导、财税改革等政策手段的组合措施会更加有效(冯科,2010)。

建设用地转优化调控的关键目的是在保障经济持续增长、均衡区域发展、用地结构调整和土地价值互换、生态保护方面作出合理的建设用地时空配置决策。因此,基于城乡建设用地转型与社会经济发展的耦合关系,总结在快速城镇化、工业化过程中建设用地转型的优化调控模式,结合国土空间规划、土地利用规划等规划政策手段以建立城乡统一的建设用地市场机制,是今后建设用地转型优化调控的重要研究方向。

1.2.5 现有研究存在的不足

通过前文对建设用地转型及优化调控方面的系统综述,发现已有的研究存在以下几个方面的不足。

(1)现有建设用地转型研究侧重于城镇建设用地或农村居民点单类型用地研究,忽略建设用地内部结构和功能的变化,即对城镇、农村、交通建设用地及工矿用地等不同地类在建设用地整体中所占的份额和功能变化关注较少。从土地利用转型的理论和视角,建设用地结构和功能的转换可能与建设用地转型隐性形态变化及社会经济发展之间具有更加紧密的联系,是研究建设用地转型特征与机理的基础。

(2)现有建设用地转型与社会经济耦合关系研究主要侧重于大尺度、单区域、城市偏向,缺乏对城乡系统内土地和人口、经济等要素变化的联动分析。建设用地转型是城乡之间人地系统内各要素之间不断发生量变进而引发质变的过程,对这一过程中建设用地转型地域系统各要素变化的联动分析进行定量刻画和分析对诊断地区城镇化发展是否合理,并从系统角度为地区所面临的城镇化困境对症下药具有重要意义。

(3)现有建设用地转型驱动机制研究缺乏考虑驱动因素作用机制差异,分析过程忽视土地利用数据存在的空间自相关性。建设用地转型受多方面因素的推动或制约,现有的研究驱动变量选取大多只关注经济和人口等因素,土壤、地形地貌、气候等自然因素和交通条件,水资源、行政区位等地理因素的作用,且地理因素作用机制主要和空间距离有关,和社会经济发展因素以行政单位作用有明显区别。在建设用地驱动机制研究中应充分考虑自然地理因素和社会经济因素作用机制差异,从空间尺度和研究方法上对两类驱动因素进行差异化分析。同时,针对建设用地转型机制研究除了定量分析驱动力之外,还应考虑土地利用数据的空间自相关性和样本非独立性检验。

1.3 研究内容与研究结构

1.3.1 研究内容

从以往的研究来看,随着我国城镇化的快速推进,区域经济发展和城乡发展发生着激烈变化。社会经济转型在建设用地上的表现是建设用地快速扩张,并导致建设用地利用粗放、利用效益降低等问题。建设用地转型在不同的用地类型上表现不同,并受不同地区经济社会发展和自然条件差异影响,具有明显空间分异特征。建设用地变化是中国土地利用问题研究的重点,但从土地利用转型角度研究建设用地形态变化和建设用地转型特征机制的较少。

依据上述相关基本概念和土地利用转型的内涵,笔者认为可将建设用地转型定义为建设用地利用形态在社会经济转型的驱动下和国家发展战略/政策引导下由一种形态向另一种或多种形态的时空演变过程,具有复杂性、阶段性和系统性等特征。建设用地转型是以自然地理条件为基本形成条件,并在某一特定时期和发展阶段,在国家/地区发展战略和政策引导及区域社会经济发展等因素的引导和作用下改变建设用地的供需状况,进而使建设用地的形态发生变化。建设用地转型作为建设用地扩张及变化研究的新内容,主要涉及建设用地数量、结构、布局等显性形态和权属、用途、效益等隐性形态变化,建设用地转型与人口、经济增长等社会经济发展之间的耦合关系,建设用地转型驱动机制及建设用地转型的管理调控等方面。

本书选取正在经历快速城镇化和社会经济激烈转型的湖北省作为研究区,结合建设用地显性和隐性转型,从时空特征、社会经济耦合关系以及驱动机制等角度探讨建设用地转型的规律和机理。最后在机理和规律分析的基础上,构建建设用地优化调控分区,提出差别化的优化调控策略,并给出相应的政策建议。本研究主要从以下几个方面展开。

(1)湖北省建设用地转型的特征分析。在对研究区概况进行论述的基础上,从湖北省建设用地形态变化和空间分异特征等方面进行探讨。利用土地利用转移矩阵、土地利用转型贡献率、土地利用转型幅度等指标和洛伦兹曲线、空间自相关分析等方法揭示湖北省建设用地在研究期间内显性形态转型特征;同时针对建设用地集约程度、社会经济效益等因素,结合不同建设用地类型与社会经济指标关联情况,采用人均建设用地面积、农村建设用地地均一产业产值、城镇建设用地地均二三产业产值、交通建设用地地均 GDP 等指标变化情况,通过时空间定量分析有关方法,揭示建设用地隐性形态转型特征。

(2)湖北省建设用地转型与农业转移人口和经济增长脱钩关系研究。根据湖北省建设用地转型特征分析结果,选取城镇建设用地、农村建设用地、交通建设用地 3 种建设用地类型,分析其与农业转移人口、经济增长等典型社会经济发展变量之间的脱钩关系。城镇建设用地和农村建设用地的转型与城乡转型、城市发展关系密切。交通建设用地作为经济发展的重要基础设施,对区域经济发展具有重要贡献。利用 Tapio 脱钩模型分别分析城市建设用地转型与城镇吸纳的农业转移人口、农村建设用地转型与农村移出农业人口之间及交通建设用地转型与 GDP 增长率的脱钩关系,并分析各类建设用地转型与农业转移人口、经济增长之间脱钩关系的差异和变化特征。

(3)湖北省建设用地转型驱动机制研究。建设用地转型驱动机制研究有助于深入了解建设用地转型规律和机理,有助于加深对建设用地资源可持续利用的理解。建设用地转型驱动因素较多,且相互关联共同推进区域建设用地在数量、结构、利用方式等方面的转变,但不同的驱动因素数据获取和作用机制的空间尺度不同。自然因素如地形、高程、交通、水源等因素对建设用地转型的驱动作用主要跟空间距离有关;社会经济因素如城市化、经济增长、财政收入、固定资产投资等作为地方政府行政管理的成果对建设用地转型主要作用在一定行政单元尺度上。因此针对不同类型驱动因素,笔者分别从乡镇尺度和县域尺度,并利用 GeoDA 软件的基本模型进行估计,根据统计显著性选择合适的空间计量回归模型分析建设用地转型的驱动机制。最后对建设用地转型的政策驱动机制进行了探究。

(4)湖北省建设用地转型优化调控研究。在对湖北建设用地转型时空特征和与社会经济发展耦合特征进行分析的基础上,总结提炼快速工业化、城镇化过程中各类建设用地转型区域差异和分区标准,将各类建设用地转型从空间上划分为不同区域,并从新增建设用地指标配置和农村土地整理等角度,提出针对性的建设用地转型优化调控策略。然后,从政策角度,结合国土空间规划、土地管理制度等,提出符合湖北省建设用地转型特征的调控建议。

1.3.2 研究结构

本书的研究目的是根据建设用地转型的方式、特征及成因,探寻快速城镇化背景下城镇建设用地功能演变的时空规律和机理,拓展建设用地转型研究的理论方法,为建设用地转型的管理和调控实践提供参考。本研究按照研究问题提出、研究基础构建、研究问题分析、研究问题解决和研究问题总结的思路开展,共分为 7 个章节。第 1 章提出研究问题,在分析研究背景和意义、总结研究现状的基础上,提出本书的内容和研究思路;第 2 章构建研究基础,首先解析了本书中设计的基本概念,总结了与本书相关的基础理论,阐述了本书中用到的基本方法,然后介绍了研究区的自然和社会经济发展条件,分析了湖北省土地利用现状和特征及存在的问题,交代本书所使用的数据来源;第 3、4、5、6 章以理论分析和实证研究相结合的方式,分别对湖北省建设用地转型的形态变化特征进行了定量测度和分析、典型建设用地类型转型与农业转移人口和经济增长的脱钩关系分析、建设用地转型驱动机制分析、建设用地转型优化调控分析;第 7 章总结研究结论,针对研究中存在的不足提出后续研究展望。具体研究结构如图 1-1 所示。

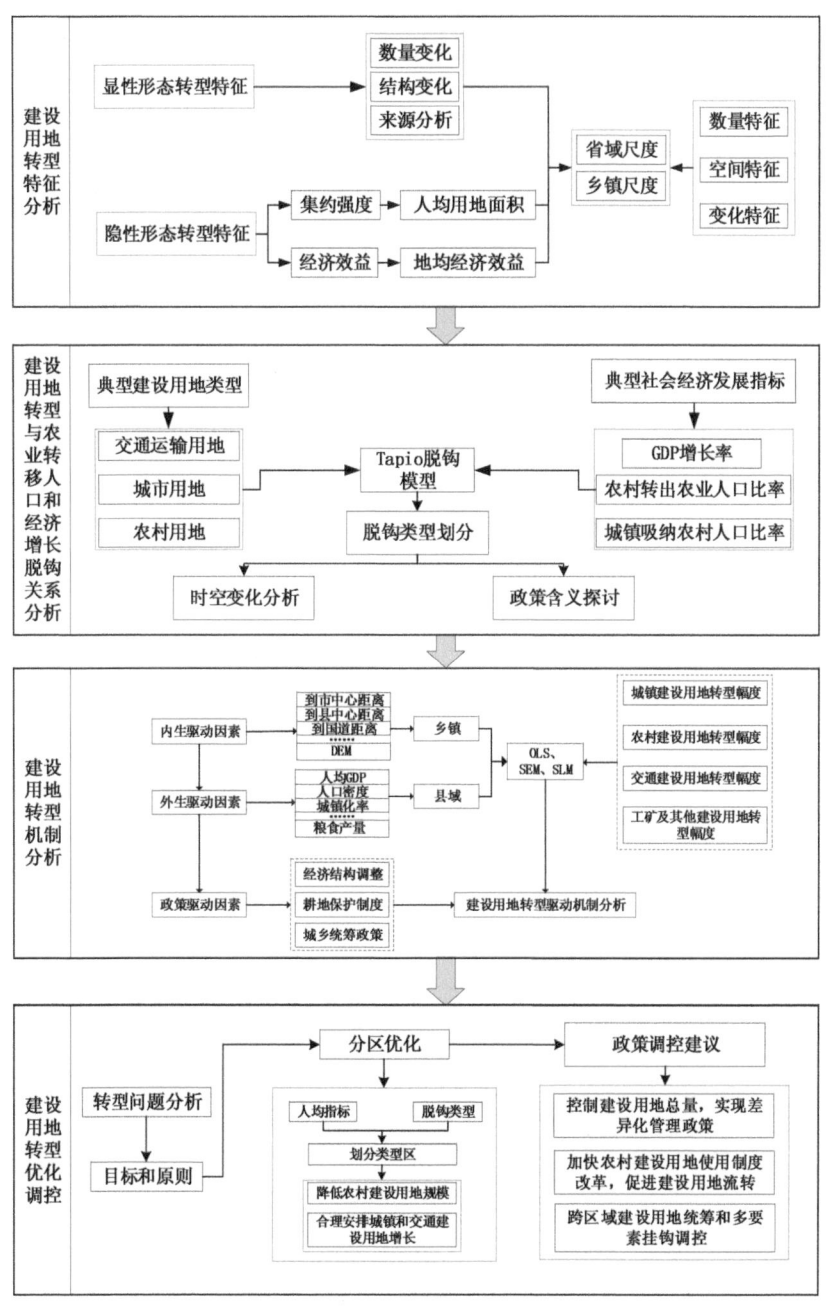

图 1-1 研究结构图

1.4　本章小结

本章首先对本书研究的背景、目的及意义进行了介绍,通过对建设用地转型、建设用地转型与农业转移人口及经济发展的脱钩关系、建设用地转型驱动机制和建设用地转型优化调控等方面的研究进行综述,总结了国内外相关研究的特点和存在的不足。最后基于已有研究的不足提出了本研究的研究内容和研究框架,并给出了具体的研究思路和本书的章节构架。

第 2 章 相关理论方法与研究区概况

2.1 基本概念

研究建设用地转型首先要明确相关概念和标准,包括建设用地和转型两个方面:研究建设用地首先要明确建设用地的标准和分类,以及它与其他土地利用类型之间的区别和联系;研究建设用地转型需要明确土地利用转型的内涵。本研究通过总结梳理国内外对相关概念和内涵的较权威的理解和解释,并根据研究区的实际特点提出建设用地转型的内涵界定。

2.1.1 建设用地

虽然人们对建设用地概念的认知基本一致,但在不同的过程和标准中给出的定义还存在一定的差别。我国《土地管理法》对建设用地的规定是"建设用地是指建造建筑物、构筑物的土地,包括城乡住宅和公共设施用地、工矿用地、交通水利设施用地、旅游用地、军事设施用地等"(李炜等,2008)。《建设用地节约集约利用评价规程》(TD/T 1018—2008)中,进一步明确了建设用地的概念,是指商服用地、工矿仓储用地、住宅用地、公共管理与公共服务用地、特殊用地、除农村道路以外的交通建设用地、水域及水利设施用地中的水工建筑用地、其他土地中空闲地的集合(谢菲等,2010)。除上述土地利用法律和规程外,我国还颁布了有关土地利用分类的国家标准,如《土地利用现状分类》(GB/T 21010—2007)和《城市用地分类与规划建设用地标准》(GB 50137—2011)。前者将土地利用类型分为 12 个大类和 57 个小类,但没有对城乡用地进行划分,第二次土地利用调查以此为基础作了不同规定,增加"城镇村及工矿用地"一级类,一级类下面又细分为城市、建制镇、村庄、采矿用地、风景名胜及特殊用地等 5 个二级用地类型;后者包含了城乡用地分类和城市用地分类两个土地利用分类体系,其中城乡用地分类首先分为建设用地和非建设用地两个一级类,城乡居民点建设用地作为二级类包含在建设用地中,在此基础上又细分了城市建设用地、镇建设用地、乡建设用地、农村建设用地 4 个三级类。

对于建设用地定义和划分最为明确的是 2010 年发布的市、县、乡三部土地利用总体规划编制规程中规定的土地利用分类方法。该分类首先根据《土地管理法》的要求将土地划分为农用地、建设用地和其他土地 3 个一级大类,然后将建设用地分为城乡建设用地、交通水利用地、其他建设用地 3 个二级类,最后将城乡建设用地详细分成城镇用地、农村居民点用地、采矿用地和其他独立用地 4 个三级类。

本研究探讨的是在快速城镇化背景下区域的由社会经济发展导致的建设用地利用形态

转变特征和机理问题。所针对的建设用地是在城镇和乡村空间内人们通过一定的投资(土地开发费用)和工程手段,利用土地资源的承载能力,为人类各项生产生活活动提供建筑空间,并不直接获取物质生产的土地。本研究采用的土地数据是湖北省第二次全国土地利用调查及年度变更成果数据,结合上述各类法规和标准对建设用地的定义,建设用地研究对象主要是第二次土地调查土地现状分类中的交通建设用地和城镇村及工矿用地,具体建设用地类型有交通建设用地(交通运输用地)、城镇建设用地(城市和建制镇)、农村建设用地(村庄)和工矿及其他建设用地(采矿用地、风景名胜及特殊用地)四大类。

2.1.2 转型

"转型",顾名思义即形态的改变,是指作为一件事物的主体部分由其内部要素及要素的结构及相关关系从一种状态向另一种或多种状态发生转换的过程(龙花楼,2012)。由于不同转型的主体所处的初始状态及周边环境作用不同,各主体转型的方式和方向具有差异并呈现多样性。转型发生在各个领域,在社会经济发展方面,其转型是主动地进行创新和改变的过程。例如,一个企业成功转型,是企业管理者根据企业外部发展环境的变化采取适应性措施,如对企业旧的运行管理体制进行重大的调整和创新,使企业发展由旧的落后模式转变为符合新时代要求的新模式。通常情况下,转型的主体是由于自身要素的突变和外部环境施加的影响导致自身形态发生转变。事物的转型需要经历一定的时间过程,这个过程中,转型主体内部各要素间会产生一定程度的关联变动,进而促使转型主体的结构或功能发展演变。

2.1.3 土地利用形态

土地利用形态是指一个国家或地区的主要土地利用类型的数量、结构、分布、功能等要素的组合,并与该国家或地区所处的社会经济发展阶段相对应,即在特定社会经济发展阶段所呈现的土地利用结构。土地利用形态是一个基本的地理学概念,也是人们进行人地关系理论研究和全球环境变化模拟涉及的基本要素(Grainger,1995)。国家或地区的土地利用形态表现形式具体有空间和非空间两种形式:空间形式为一个国家或地区各类用地如耕地、林地、水域、城镇用地等不同地表覆被类型所构成的土地空间分布地图;非空间形式主要是不同的土地利用类型在一国家或地区所有土地中所占的比重(Grainger,1995)。国家或地区的土地利用形态不是永恒不变的,而是会随着国家或地区社会经济发展所处阶段和自然地理环境的变化而变化。

2.1.4 土地利用转型

土地利用转型,即国家或地区的土地利用形态在一定时间内由初始状态向末期状态发展转变的过程,其转变与所处的社会经济发展阶段转型相适应。土地利用形态不仅仅是土地利用的结构和数量,它具有更加深刻且广泛的含义。通常将土地利用转型分为显性形态转型和隐性形态转型两类。

显性形态,即区域内土地利用数据本身所能体现出来的土地利用特征,主要指土地利用类型所构成的土地结构,包括土地利用数量和空间分布两个主要属性。土地利用的数量属性一方面指土地利用单一类型或多种类型组成的面积,如耕地面积、林地面积、建设用地面积等;另一方面,土地利用数量属性还表示单一或多种土地利用类型在高一级土地利用类型中所占的比例或份额,如某一区域耕地中70%为旱地,剩下的为水田,即为该地区耕地数量属性形态的直接表述。显性形态的空间分布属性则是指各类别土地类型在某一区域的空间分布、组合与排列情况,同样数量形态下土地的分布可能会呈现不同的空间结构。

隐性形态,即在土地利用显性形态附属下的不能直接察觉,需要结合其他相关数据和分析方法,进行调查、检查和化验等手段才能掌握的土地利用形态,通常表现为权属、质量、用途、效益等多种方式。当前我国工业化和城镇化快速发展,伴随社会经济转型发展作用的土地利用相关隐性形态的转变是当前土地利用转型研究的重要方向。

基于以上分析,可进一步扩展土地利用转型概念。土地利用转型,即在社会经济发展转变和改革的作用下,一定时间内某一区域土地利用由初始形态(含显性和隐性形态)转变为末期的另一种或多种土地利用形态的转换过程,它与社会经济发展转型阶段相适应。特定时间点的土地利用形态既是上一时间点土地利用形态转型作用的结果,同时又是后面一段时间土地利用转型的开始,土地利用转型是一个动态变化持续过程,并不是一个不变的或最终的土地形态格局(图2-1)。

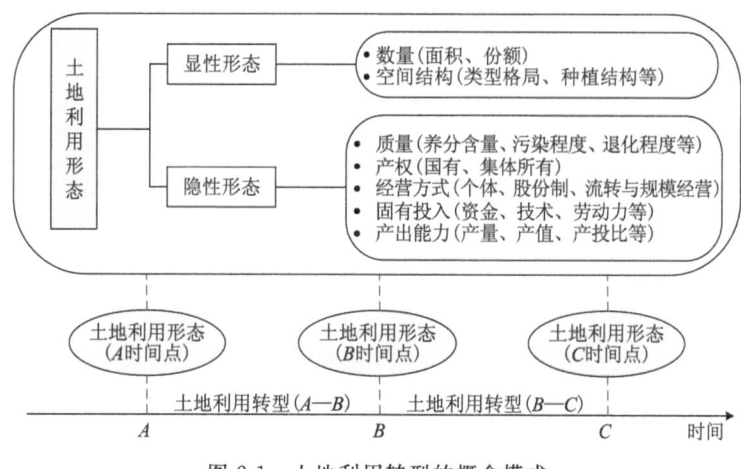

图 2-1 土地利用转型的概念模式

2.2 基础理论

2.2.1 人地关系理论

人地关系是地理学研究的一个重要论题,指的是在对自然界进行开发利用的同时,人类和自然之间产生的相互影响和相互作用关系,并且这种关系会随着人类社会的进步和生产力的发展而发生变化。人类通过直接利用、改造利用和适应3个层次的社会经济活动对自然环境系统造成影响;而土地对人的作用则表现为自然资源、环境系统对人类及其社会经济活动的固有影响和反馈作用(龚胜生,2000)。1981年,吴传钧先生提出了"人地关系地域系统"的概念,他认为人地关系的主要内容有人类活动所涉及的周边自然地理环境综合要素组成的集体,人类活动对自然环境所产生的影响,以及自然环境被影响后对人类活动产生的反馈作用,人类和土地之间相互作用所发生的经济和非经济影响(吴传钧,1981)。中国人地关系的研究主要关注人与人、人与地、地与地三者综合的关系研究(吕拉昌,1999)。人与人的关系主要是关注国家、地区、民族的矛盾,政府、企业与公众之间的矛盾,协调这些矛盾才能建立人与地的协调关系。地与地的关系主要是基于人地关系的地域系统是一个开放的系统,区域人地关系系统需要关注区域范围内空间布局的协调和与周边区域的发展对接。中国人地关系协调是中国人与人、人与地、地与地三者之间的全息协调。

协调人地关系的目的是解决人类需求与自然供给之间的矛盾,其内涵包括以下几个方面的内容:人类在利用和适应自然环境和环境系统时需注意自然界的平衡和协调;在利用和适应过程中应注意人类与自然环境、环境系统的平衡和协调;人类在利用和适应自然环境和环境系统时也应注意自身的平衡和协调(卓玛措,2005)。人地关系调控的途径较多,大致上可分为两个方面:一方面是对人自身的调控,例如控制人口数量、提高人口素质、解决人与土地利用之间的矛盾等。另一方面是人对地的调控作用,就是合理利用土地(杨朝现,2010),合理利用土地主要表现为调整土地结构和提高单位面积上的生产力。前者主要表现为调整土地利用之间的组成与分布、后备土地资源开发、土地复垦等,后者主要表现为土地的节约集约利用、土壤培肥和土地利用条件改善等。

本书借鉴人地关系理论的有关研究成果,探讨建设用地利用要素的变化与建设用地转型内部要素及外部要素之间的作用关系,为分析建设用地转型特征及机理,进一步认识建设用地转型过程中各因素交互作用提供新途径。本研究以人地关系作用基础理论为支撑,探寻建设用地利用转型的特征、过程和机理,并优化建设用地资源的配置。

2.2.2 区域可持续发展理论

区域发展理论始于20世纪初,其最初的主要观点是强调国民经济的快速发展和工业化水平的不断提高是区域发展的终极目标。在这种思想的主导下,世界各地为追求经济利益最大化,不断对自然资源进行掠夺式开发,大力发展工业经济、粗放经济,造成了对资源的极大浪费和对环境的严重污染。到20世纪中后期,由于全世界人口的快速膨胀和西方发达国家日益严重的经济危机,使得人们逐渐认识到唯经济增长论不仅不能解决人口与资源环境问题,反而会给资源环境带来极大的压力,威胁到人类的人居环境和持久发展。此时,一些学者,如法国学者佩鲁等,开始对区域发展理论进行反思,并逐步摒弃了唯经济论为区域发展的核心论这一思想,开始强调满足人的需求和追求人类福利的增长为区域发展的最高目标,并开始注重区域统筹发展、均衡发展的思想。20世纪80年代后期,可持续发展理论在《我们的共同未来》一书中首次被提出(李文华,1994)。可持续发展是人类在开发利用自然资源的时候,在满足当前需要的前提下不能损害后代人的需求。区域可持续发展理论是在可持续发展思想的基础上发展而来,要求区域内部人口、经济与环境应该协调发展,经济发展建立在集约节约资源与环境保护的基础之上,同时不同地区还应该平衡、协调发展。

区域可持续发展理论的兴起促使了生态学家和地理学家对土地资源可持续利用的研究。

根据区域可持续发展理论,土地资源在开发利用的时候要注重在结构上均衡利用,在空间上要进行合理布局,从而促使通过对土地资源的利用达到社会、经济和生态环境保护等方面的协调发展。对建设用地转型的主要目的是使社会经济活动能合理利用建设用地资源,提高建设用地的利用效率,减少耕地、林地等生产生态功能价值高的土地受人类活动的干扰,保障区域粮食安全和保护区域生态环境,使得社会经济与生态环境之间能够协调发展,从而保证人类生活具有可持续性。一定程度上而言,土地的生态和生产功能被破坏很难恢复与再生,可持续发展思想指导我们在配置土地资源时不能只考虑人类当前的社会经济利益,而要着眼于未来,采取综合措施提高建设用地效率,优化建设用地布局,在满足当前社会经济发展需要的同时最大限度保护土地资源的生态服务功能,促进城乡可持续发展。

2.2.3 城镇化发展阶段理论

西班牙工程师赛达在1876年编写的《城市化基本原理》一书中首次提出了"urbanization"一词后,城镇化概念开始进入人类视野。20世纪50年代之后,世界各地的经济进入快速发展期,城镇化在全球范围内迅速发展,城镇化概念风行世界。20世纪80年代初,中国开始兴起对"urbanization"一词的研究,且对该词的翻译存在"城市化"和"城镇化"不同的理解,两词一字之差反映了对中国城市化道路的不同认识。"城镇化"的观点认为urbanization包含市(city)和镇(town),中国特色的城市化道路应该是以"小城镇"为主的道路,20世纪80—90年代政府管理和学者研究主要采用这种思想。而"城市化"观点则认为中国的城市化发展道路的主体应该是"城市","小城镇"作用难以成为中国城市化发展的主要空间载体。随着中国城市化发展水平不断提升,虽然以"城市"为主体城市化内涵逐渐成为政府和学界的共识,官方在描述上仍是主要采用"城镇化"一词,但"城镇化"的概念和20世纪相比已有根本不同,"城镇化"和"城市化"内涵也趋于一致(叶裕民,2013)。

城镇化的具体含义在《国家新型城镇化规划(2014—2020年)》中有明确描述。"城镇化是伴随工业化发展,非农产业在城镇集聚、农村人口向城镇集中的自然历史过程,是人类发展的客观趋势,是国家现代化的重要标志。"该表述表明了政府官方对城镇化概念的认知,但作为定义和内涵过于简单。学界对此进行了长期广泛的讨论(欧名豪等,2002;陈春,2008;许学强等,2009;刘洁泓,2010)。虽然没有达成统一表述,但普遍认为城镇化至少包含4个方面内容:①人口城镇化,采用城镇人口比重即人口城镇化率测度,该概念应用最为广泛,以至于人们提到城镇化马上就想到人口城镇化;②经济城镇化,可采用二三产业比重和就业人口比重等测度;③土地城镇化,主要有城镇数量的增长和城镇用地面积扩张两个方面;④社会城镇化,即农村居民在生活方式、经济收入、福利保障等方面和城镇居民具有同等水平,这是城镇化发展的最终目的。

1979年美国地理学家Northam将城镇化发展过程理解为"一条稍被拉平的S形曲线",并将城镇化发展过程划分为3个阶段:初期阶段、加速阶段和饱和阶段。第一阶段为城镇化初级发展阶段,这时城镇化开始发展,城镇化率还比较低,发展速度较慢,通常将城镇化率在30%以下划为此阶段;第二阶段为中期发展阶段,通常认为城镇化率在30%~70%之间,也被很多学者称为城镇化加速发展阶段;第三阶段为饱和阶段,此时城市人口比重增加趋势放缓甚至停滞,城镇化率一般在70%以上,也有人称之为城镇化成熟阶段(图2-2)。

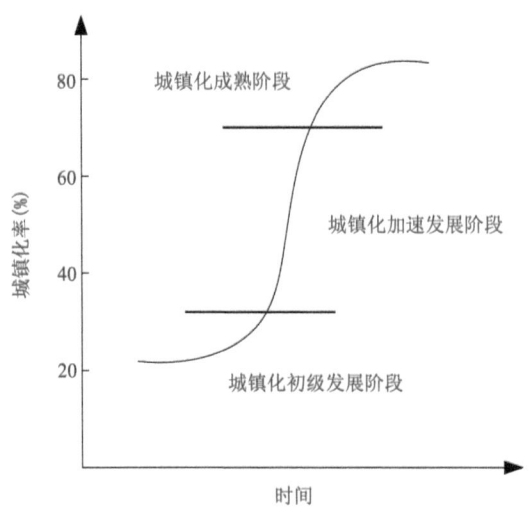

图 2-2 城镇化进程 S 形曲线

Logistic 模型是预测城镇化发展的最经典方法模型,是由比利时数学家菲尔哈斯于 1983 年在马尔萨斯人口模型(Verhulst,1838)的基础上提出。焦秀琦(1987)将 Northam 的城镇化理论引入国内,却错认为城镇化 S 形曲线是由 Northam 首次提出的,以至于后来国内学者将其称为"Northam 曲线"(宋俊岭,1992)。此后,陈彦光和周一星(2005)提出了城镇化 4 个阶段理论,王建军和吴志强(2009)推导了城镇化曲线 3 个特征点的数学表达式。城镇化 3 个阶段的拐点因各国发展路径不同而异,有学者提出是 30% 和 70%(焦秀琦,1987),也有学者提出是 25% 和 75%(陈彦光和罗静,2006)。

湖北省 2009—2016 年城镇化率由 46% 增长到 58.1%,正处于城镇化加速发展阶段,该阶段城镇化水平快速提高,居住于城镇的人口开始超过农村人口并持续提升,人们的生产生活方式正发生巨大转变,社会经济形态也发生剧烈变革,这种社会经济变革作用到土地上会引发土地资源利用方式的剧烈变化,特别建设用地利用形态也发生重大转型。在城镇化快速发展阶段背景下,系统性开展建设用地转型特征与机理研究,可以引导对自然界进行理性开发,促进区域生态文明建设和可持续发展。

2.2.4 地理区位理论

地理区位是指各类自然、社会、经济事务状况属性的空间位置,是描述人类在地域空间上各项社会经济活动组合优化的理论(王铭和李凤梅,2010)。建设用地管控就是从用地布局角度对建设用地的分布进行优化组合以提高土地利用效率,维护良好的生态环境和粮食生产稳定,促进土地资源可持续利用和区域可持续发展。地理区位理论可以为建设用地管控提供理论支撑和指导思想。这里对指导建设用地管控布局的有关经典的地理区位理论作简要介绍。

2.2.4.1 杜能的农业区位论

农业区位论于 1826 年由德国农业经济学家杜能在《孤立国同农业和国民经济之关系》中

第一次提出。根据该理论在均质空间假设下，研究了理想的农业土地利用方式与城市距离之间的关系。杜能的假设认为农民的农业生产活动是以获得最高的地租收入为生产目标，根据设定的运费（随着距城市距离和农产品重量增大而增高）相关的地租收入公式，推理出农业土地利用的杜能圈空间结构（图2-3），即围绕着城市中心，由里向外分别种植不同农作物的同心圆结构。根据该理论，即使在自然条件无差异的前提下，农业生产土地利用也会出现空间差异性，而这种空间差异性主要是由于农业产品生产地区和消费地区之间空间距离的影响，应该在距离消费市场较近的地区布局单位面积收益高的农业土地利用方式。杜能在农业区位论的研究中采用了科学抽象法，首次将数学方法引入到了经济学领域，对现代经济学研究具有重要影响，也是杜能首次从理论上系统阐述了空间摩擦对于人类社会经济活动的作用，对后来的其他地理区位理论如克里斯泰勒中心地和韦伯工业区位论等理论有很大的启发（李小建等，2006）。

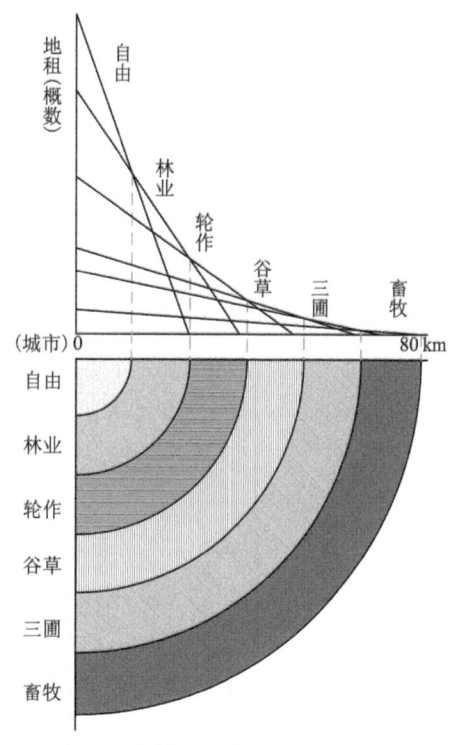

图2-3　杜能圈形成机制与圈层结构

2.2.4.2　克里斯泰勒中心地理论

德国地理学家克里斯泰勒于1933年在《德国南部的中心地原理》一书中提出了中心地理论，主要以居民点为对象，对其规模、数量和空间布局规律进行了研究。该理论的中心地是指自己周边地区能够提供商品流通及相关服务功能的居民点。中心地因可以提供区域中心功能而具有中心性，即可以为除自己以外的其他地区提供一定种类和数量的商品和服务，其等级取决于中心性的规模大小。克里斯泰勒依据演绎法提出了多种居民点中心地系统空间等级结构，如六边形市场区、三角形中心地分布等，并基于市场原则、交通原则和行政原则构建了3种不同特点中心地系统模型（图2-4），给出了按照交通原则布局高级中心、按行政原则布局中级中心和按市场原则布局低级中心的建议。克里斯泰勒的中心地理论首次将空间规律和方法探讨等推广到地理学中，改变了传统的地理学以区域描述为主的研究方式，促进了现代地理学的发展，也因此克里斯泰勒被称为"理论地理学之父"（李小建等，2006）。

2.2.4.3　"缪尔达尔-赫希曼"模型

缪尔达尔于1957年在《经济理论和不发达地区》一书中提出了"地理上的二元经济结构"，并根据"回波效应""扩散效应"等有关概念和"循环累积因果"的基本原理，讲述了在"发达地区—落后地区"的地理空间二元结构中优先发展发达地区对促进落后地区发展的同时也

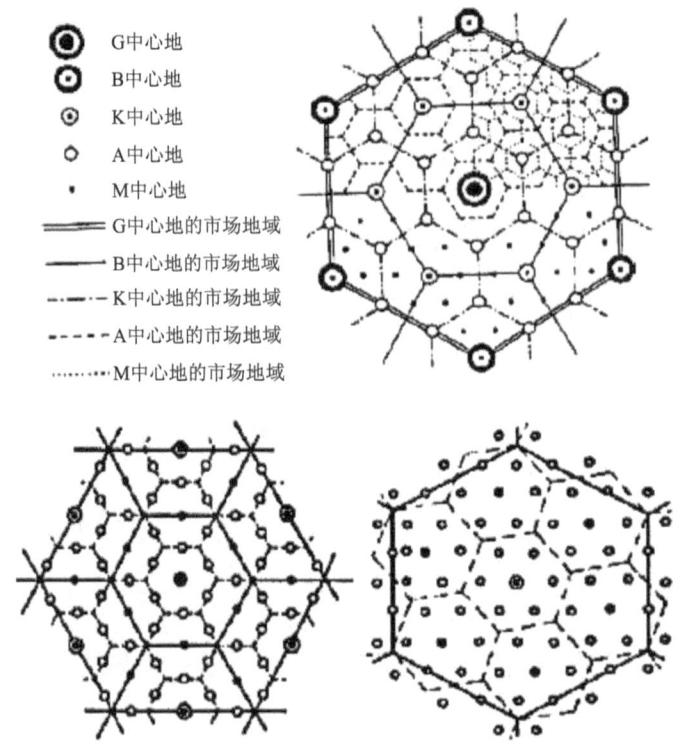

图 2-4 中心地系统空间结构

会有不利影响。"回波效应"和"扩散效应"分别是指发达地区对落后地区产生的不利和有利影响。缪尔达尔认为市场的作用一般倾向于通过"循环累积因果"效应扩大了区域发展的不均衡性。提出政府应该因地制宜地实施不均衡的区域发展战略,发达地区长期发展积累了明显的区域发展优势,应该重点支持发达地区发展,同时鼓励发达地区支持和带动落后地区的发展,以防止区域发展差异过大。在发达地区发展水平提高到一定程度后,为了制止因为循环累计效果导致区域贫富差距不断扩大,政府应该通过行政政策手段帮助落后地区以提升其自我发展能力,统筹发达地区和落后地区均衡发展,缩小区域间发展差距。同期,赫希曼在《不发达国家中的投资政策与"二元性"》一书中提出了"不平衡增长理论"和"极化-涓滴效应"学说(也称"极化-淋下效应"),这一理论和缪尔达尔理论在本质上没有根本分歧,因此被后来学者合并称为"缪尔达尔-赫希曼"模型,不过赫希曼将缪尔达尔的"回波效应"和"扩散效应"分别代替为"极化效应"和"涓滴效应"。赫希曼认为,若存在区域互补性,均衡是可能的;若不存在,则区域发展格局是不均衡的;若要缩小区域间发展差距,不能仅靠市场手段,还需要政府有必要的干预措施(刘增,2006)。

2.2.4.4 麦吉的"desakota"模式

亚洲很多国家的核心城市在 20 世纪 80 年的发展中,其城市边缘和相互连接的交通走廊地带出现农业和非农业交错区现象,这一现象和西方都市的发展具有完全不同的背景。1987年麦吉认为这种"城市和乡村界线日益模糊,农业活动和非农业活动紧密联系,城市用地和乡村用地相互混杂"的空间形态是一种有别于其他地区的特殊城市化类型,并引用印尼语将其命名为"desakota"模式,并用"desakotasi"描述其形成过程。其中,"desa""kota"和"si"分别代表"乡村""城市"和"过程",即"乡村城市化"(周一星,1993)。麦吉从城市与乡村间的要素流动和相互联系对区域社会经济发展和变迁的影响进行了研究,重点关注空间经济的相互作用及其对居民聚居地形式和经济行为的影响,总结了"desakota"的6个特征,并将东亚和南亚的都市区划分为3种"desakota"类型。"desakota"模式不同于传统的自上而下的以城市为中心的发展模式和自下而上的分散的发展模式,是一种城乡转变的新理论(史育龙,1998;于峰和张小星,2010)。

2.3 主要技术方法

2.3.1 空间自相关分析

很多地理现象是通过空间邻接的面积单元表示的,面积单元可以是不规则的单元,也可以是规则的格子或栅格,一般将不规则的单元称为多边形,规则的单元称为格子。无论是规则或不规则的单元面积,通常用属性数据描述其特征,一般称之为面状数据或格子数据。面状数据空间模式通过面积单元空间关系作用下变量值的空间分布模式来研究,面积单元之间的邻接与否、距离远近等对于变量和空间分布具有重要影响,常用的面状数据空间分布模式分析方法是空间自相关分析。

空间自相关是利用数学形式对空间依赖性的定量表达,即二阶效应。空间自相关的概念来源于时间序列自相关,用来描述空间上某一位置的变量与其周边相邻位置上的一个或多个变量的相关性,采用某位置变量值与其邻近位置变量值的相似程度进行测度。空间自相关认为如果空间位置邻近的变量数值相似,则它们具有正自相关的空间模式;如果位置相邻的变量数值不相似,则其空间模式为负的自相关。

具体而言,空间变量间的空间相关性是根据空间位置的邻近性和属性的相似性之间的匹配情况进行测度的。位置相似性,即空间邻近性,一般采用空间权重矩阵描述,包括二元邻接矩阵和距离权重矩阵两种方式。前者根据面积单元是否邻近采用1和0构成空间关系矩阵,也可进一步对其进行归一标准化处理得到行标准化邻接矩阵,后来一般采用面积单元之间的重心距离平方倒数的形式表达。属性相似性可通过均值差交叉积$(x_i-\bar{x})(x_j-\bar{x})$、相继交叉积$(x_i-x_j)^2$和直接交叉积$x_ix_j$等形式描述,不同形式构成不同的统计量。

根据空间属性变量类型不同和空间尺度不同,可采用不同的空间自相关测度。如果空间属性变量为名义或二元变量,可使用连接计数统计;如果空间属相变量为定距或定比变量,一般采用Moran's I、Geary's或广义G统计量,也可使用半变异协方差图揭示不同空间尺度上的相关性。但以上测度均为全局测度,而空间结构是空间异质性的,因此在局部尺度上还可以采用LISA和局部G统计量。

本研究涉及的空间自相关分析方法包括全局Moran's I指数、Moran散点图和局部Moran's I指数。

2.3.1.1 全局 Moran's I 指数

Moran's I 指数是由(Moran,1950)首先提出的,后来 Cliff(1969)在其博士论文中对其作了一般化推广,产生了较大影响,能根据空间单元位置和属性值来评估空间单元分布是聚类模式、离散模式还是随机模式。其公式为

$$I = \frac{\sum_{i,j} w_{ij}(x_i-\bar{x})(x_j-\bar{x})}{\sum_{i,j} w_{ij}} \bigg/ \frac{\sum_i (x_i-\bar{x})^2}{n} = \frac{n}{\sum_{i,j} w_{ij}} \frac{\sum_{i,j} w_{ij}(x_i-\bar{x})(x_j-\bar{x})}{\sum_{i,j}(x_i-\bar{x})^2} \quad (2\text{-}1)$$

其矩阵形式为

$$I = \frac{n}{\sum_{i,j} w_{ij}} \frac{Z^{\mathrm{T}} W z}{Z^{\mathrm{T}} z} \quad (2\text{-}2)$$

式中:x_i 为空间单元 i 的属性值;$\bar{x}$ 为其均值;w_{ij} 为空间权重矩阵 W 中空间单元 i 和 j 之间的空间权重值,一般采用二元邻近矩阵或行标准化邻接矩阵;n 为空间单元个数;z 是 x_i 的离差量差。当 w_{ij} 为行标准化邻接矩阵时,$n = \sum_{i,j} w_{ij}$,则有

$$I = \frac{Z^{\mathrm{T}} W z}{Z^{\mathrm{T}} z} \quad (2\text{-}3)$$

Moran's I 统计量的值域为(-1,1),当 $I>0$ 时,表示正的空间自相关;当 $I<0$ 时,表示负的空间自相关;当 $I=0$ 时,无空间自相关,即完全空间随机。

Moran's I 也需要进行显著性检验,检验的方法有两种:一种是以 ArcGIS 为代表的 Z 统计量计算法,另一种是以 GeoDa 为代表的通过随机置换空间单元属性生成模拟分布的伪 p 值法,Anslein 教授认为后者更为可信。

2.3.1.2 Moran 散点图

Anselin(1995)引入 Moran 散点图作为探索性空间分析工具来评价空间自相关的局部非平稳性。Moran 散点图是以横轴为空间单元属性值离差 z、纵轴为其相应空间滞后值 Wz 的散点图,其中 W 为行标准化空间权重矩阵,此时全局 Moran's I 指数可以看作是 Wz 对于 z 的线性回归系数。

将属性值高于平均值的用 H 表示,将属性值低于平均值的用 L 表示,我们可将 Moran 散点图利用横纵坐标轴划分为 4 个象限,以对应不同的空间分布格局:第一象限(HH)表示空间单元为高值且被高值空间单元包围;第二象限(LH)表示低值空间单元但其周边为高值单元;第三象限(LL)表示低值的空间单元且周边被低值单元包围;第三象限(HL)表示高值空间单元但周边被低值邻近包围。其中 HH 和 LL 象限表示空间单元具有正的空间自相关,LH 和 HL 象限表示空间单元具有负的空间自相关。

2.3.1.3 局部 Moran's I 指数

Anselin(1995)根据 Γ 指数提出了局部空间关联指标,包括局部 Moran's I 指数和

Geary's C 指数。LISA 统计量的作用主要有两个：一是类似局部 G 统计量(Getis and Ord, 1992;Ord and Getis,1995)，作为空间非平稳性/异质性或冷热点分析的局部统计量；二是类似 Moran 散点图，用来识别异常值。

Anselin 将局部 Moran 统计量定义为

$$I_i = (x_i - \overline{x}) \sum_j W_{ij}(x_j - \overline{x}) \tag{2-4}$$

全局 Moran 统计量和居民 Moran 统计量之间的关系为

$$I = \frac{n}{\sum_{i,j} w_{ij}} \frac{\sum_{i,j} w_{ij}(x_i - \overline{x})(x_j - \overline{x})}{\sum_{i,j}(x_i - \overline{x})^2} = \frac{\sum_i (x_i - \overline{x}) \sum_j W_{ij}(x_j - \overline{x})}{\sum_{i,j} W_{ij} \frac{\sum_i (x_i - \overline{x})^2}{n}} = \frac{\sum_i I_i}{S_0 m_2} \tag{2-5}$$

其中，空间权重 W_{ij} 一般采用二元邻接矩阵或行标准化邻接矩阵；S_0 为空间权重矩阵之和，$S_0 = \sum_{i,j} w_{ij}$；m_2 为所有观测值的二阶中心距，即方差，$m_2 = \sum_i (x_i - \overline{x})^2 / n$。

当 W_{ij} 为行标准化邻接矩阵时，$S_0 = 0$，$I = \sum_i I_i / n m_2 = \sum_i I_i / \sum_i (x_i - \overline{x})^2$；当 x_i 为标准化变量时，$m_2 = 1$，$I = \sum_i I_i / S_0$；当 W_{ij} 为行标准化邻接矩阵且 x_i 为标准化变量时，$I = \sum_i I_i / n$。据此，一般将局部 Moran 统计量定义为

$$I_i = \frac{(x_i - \overline{x})}{m_2} \sum_j W_{ij}(x_j - \overline{x}) \tag{2-6}$$

高的 I_i 值表明空间单元周围相似数值的聚集，低的 I_i 值表明空间单元周围不相似数值的聚集。结合 Moran 散点图，在给定显著性水平下，若空间单元位于 HH 象限，且 $Z_{I_i} > 0$ 并显著，则空间单元为显著热点；若空间单元位于 LL 象限，且 $Z_{I_i} > 0$ 并显著，则空间单元为显著冷点；若空间单元位于 HL 或 LH 象限，且 $Z_{I_i} < 0$ 并显著，则空间单元为空间异常值/离群值。

2.3.2 脱钩理论及模型

2.3.2.1 脱钩理论

脱钩(decoupling)与耦合(coupling)是两个相对应的概念，反映的是两种不同现象之间所具有的联系。耦合关系表示两个现象之间保持同向变化，或同向增长或同向减少；脱钩则是指两种现象之一增长，而另一现象不增长或减少。卡特 1966 年首次将脱钩理论引入经济和生态领域，用来说明能源消费和经济增长之间的脱钩关系(Carter,1966)。此后，脱钩理论受到欢迎并广泛应用于能源消费、经济和生态等领域。经济合作与发展组织在 2002 年首次建立了脱钩指标体系，用来追踪环境质量及其内部 30 个指标变化，并形成了碳排放脱钩理论。Tapio(2005a)改进了脱钩指标体系用来分析欧盟国家的国内生产总值、交通运输量及二氧化碳排放等。Romano 和 Zullo(2014)用了相似的方法分析了意大利的城镇化和人口增长的关系。脱钩理论已经广泛应用于物理、电力、数学等领域两个不同系统间的关系分析，并取得很

多有价值的研究成果(Enevoldsen et al.,2007)。

近年来,随着城镇化快速推进,人类面临着日益严重的环境恶化、资源保护及社会经济发展之间的矛盾问题,社会经济发展与自然环境压力的"脱钩"问题逐渐引起了有关管理者和学者的注意,"脱钩"概念也被引入社会经济领域的研究管理当中(Carter,1996)。脱钩理论认为,当一个国家或地区的社会经济发展引发的自然环境压力超过经济社会发展速度,则呈脱钩关系;反之,若自然环境压力的增长和社会经济发展速度之间呈协同稳定的变化关系,则呈耦合状态。快速的城镇化使中国的人地关系发生了重大的改变,借助脱钩理论可以更好地了解快速城镇化背景下建设用地利用与人口、经济发展之间关系的时空特征对今后土地资源管理保护和区域发展战略制定具有重要参考意义。

2.3.2.2 Tapio 脱钩模型

Tapio 脱钩模型是 Tapio 于 2005 年在其发表的一篇研究欧洲地区交通发展和二氧化碳排放之间脱钩程度的文章中提出的,该模型定义了脱钩弹性(decoupling elasticity)含义,并在此基础上将二氧化碳排放与经济增长之间的脱钩关系划定了 3 种类别:脱钩(decoupling)、耦合(coupling)和负脱钩(negative decoupling)。通过脱钩弹性系数明确地反映变量之间的关联及互动情况,对脱钩指标体系的科学构建和完善以及脱钩理论的发展起到了很大的推动作用。Tapio 脱钩模型是环境经济学中用来研究经济发展和环境压力之间脱钩关系的最常用的技术方法,它综合了总量变化和相对量变化的两类指标,引入了时间序列并引入弹性分析方法来动态反映经济指标与环境变量指标之间的脱钩关系,进一步提高了两个系统之间脱钩关系测度和分析的客观性和准确性。

根据 Tapio 脱钩模型,脱钩弹性系数是经济发展变化的幅度和二氧化碳排放量改变量之间的比值,反映了自然环境压力变化对经济变化的敏感程度。脱钩弹性系数计算公式如下:

$$\alpha = \frac{\Delta C_t}{\Delta E_t} = \frac{(C_{0+t} - C_0)/C_0}{(E_{0+t} - E_0)/E_0} \tag{2-7}$$

式中:α 为时间段 t 内二氧化碳排放与经济发展的脱钩系数;ΔC_t 为时间段 t 内二氧化碳排放量变化率;ΔE_t 为时间段 t 内经济发展变化率;C_0 为时间段 t 内基期二氧化碳排放量;C_{0+t} 为时间段 t 内末期二氧化碳排放量;E_0 为时间段 t 内基期经济发展总量;E_{0+t} 为时间段 t 内末期经济发展总量。

根据公式(2-7)计算得到的脱钩系数,以弹性值 0、0.8 和 1.2 为临界值,Tapio 定义了 8 种不同的脱钩类型(表 2-1)。在脱钩类型划分中,脱钩系数 1.0 附近弹性值±20%的变化范围内被认为是耦合连接的。因此,当脱钩系数在 0.8~1.2 之间时为耦合类型,同时,当变量的增长是正的或者负的,耦合类型分为扩张耦合或衰退耦合。在表 2-1 中,不同脱钩类型具有不同含义。如扩张脱钩表示社会经济指标变化速率为负值,而建设用地转型变化速率为正值。其他脱钩类型也可以表示用相似的方式解释。

表 2-1　建设用地转型与社会经济发展指标的脱钩类型

脱钩		负脱钩		耦合	
强脱钩	$\Delta C_t<0, \Delta E_t>0$	扩张负脱钩	$\Delta C_t>0, \Delta E_t>0$	扩张耦合	$\Delta C_t>0, \Delta E_t>0$
	$\alpha<0$		$\alpha>1.2$		$0.8<\alpha<1.2$
弱脱钩	$\Delta C_t>0, \Delta E_t>0$	弱负脱钩	$IR<0, \Delta E_t<0$	衰退耦合	$\Delta C_t<0, \Delta E_t<0$
	$0<\alpha<0.8$		$0<\alpha<0.8$		$0.8<\alpha<1.2$
衰退脱钩	$\Delta C_t<0, \Delta E_t<0$	强负脱钩	$\Delta C_t>0, \Delta E_t<0$		
	$\alpha>1.2$		$\alpha<0$		

为了更好地理解和更直观地表示各类脱钩类型划分,可以利用坐标类型图表示各类建设用地转型和社会经济发展指标之间的脱钩类型关系(图 2-5)。

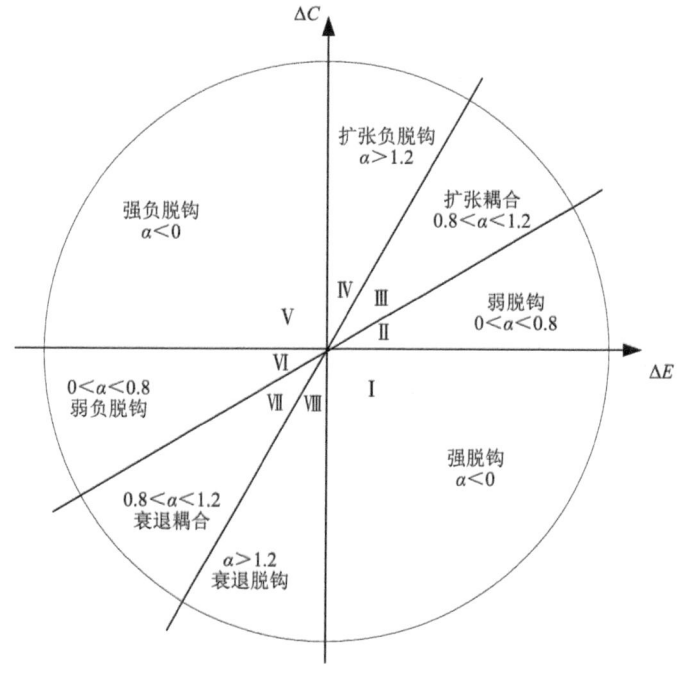

图 2-5　Tapio 脱钩关系类型坐标图

2.3.3　空间计量回归模型

建设用地转型机制研究主要是对建设用地转型的规律成因及其形成机制进行探讨和分析,主要采用定性分析与定量分析相结合的研究方法。在对建设用地转型特征、与农业转移人口和经济发展脱钩关系等分析的基础上,结合土地科学、地理学、经济学等学科,定性地探讨了建设用地转型的形成机制、发展机制和运行机制。在建设用地驱动机制部分,采用定量方法分析了影响建设用地转型的自然地理因子和社会经济因子的主导因素及影响程度。建设用地转型驱动机制定量分析采用的技术方法主要是空间计量回归有关模型。空间计量回归有关模型在处理分析空间数据时,考虑数据的空间独立性,可以提高空间数据的回归分析精度。空间计量回归相关模型主要有普通最小二乘法回归模型(orinary least square,OLS)、空间滞后模型(spatial lag model,SLM)和空间误差模型(spatial error model,SEM)。

2.3.3.1 普通最小二乘法回归模型

普通最小二乘法回归模型为全局显性回归模型,用全部自变量估计因变量的值,用最小二乘法估计多元线性回归方程的未知程度。普通最小二乘法的基本原则是最优的拟合直线,应该使个点到直线的距离和最小,也可表达为距离的平方和最小,其表达形式如下:

$$y_i = \beta_0 + \sum_{j=1}^{k} \beta_j X_{ij} + \varepsilon_i \tag{2-8}$$

式中:$i=1,\cdots,n$ 是观测值的数;y_i 是因变量,它是自变量($j=1,\cdots,k$)的一个线性组合;β_0 为常数项;β_j 为第 j 个回归参数;ε_i 为符合正态分布的随机项误差。

2.3.3.2 空间滞后模型及空间误差模型

经典的最小二乘回归模型变量之间相互独立,并呈现正态分布。而空间的溢出效应,可能会影响传统模型在处理空间数据相关性时结果的准确性。为了克服传统回归模型的缺陷,计量地理学者创建空间回归模型与空间变量之间的关系进行探索。

一般回归模型用矩阵形式表示为

$$y = X\beta + \varepsilon \tag{2-9}$$

式中:y 是因变量,写成 n 个观察值的向量形式;X 代表 m 个自变量,每个自变量有 n 个观察值,所以是一个 $n \times m$ 的矩阵;β 是对应于 m 个自变量的回归系数,也写作向量形式;ε 是随机误差向量,或称残差向量,残差向量的分布要求是相互独立的且中值为0。

空间回归模型运用的前提是,空间单元的要素存在空间自相关性。最常用的两个用最大似然估计法来表达空间自相关性的模型是,空间滞后模型和空间误差模型。

空间滞后模型,或称为空间自回归模型,考虑因变量之间的空间依赖性,强调了空间单元的领域效应,也称空间外部效应。用矩阵 W 表示空间权重,空间滞后可以表示为 w_y。S空间滞后模型可以写成以下公式:

$$y = \rho W_y + X\beta + \varepsilon \tag{2-10}$$

式中:ρ 为空间滞后变量的回归系数。

重新组织公式可以写成:

$$(I - \rho W)y = X\beta + \varepsilon \tag{2-11}$$

假如 $(I - \rho W)$ 是可逆的,则上式可以变为

$$y = (I - \rho W)^{-1} X\beta + (I - \rho W)^{-1} \varepsilon \tag{2-12}$$

可以看出,每个在 i 地区的值 y_i 不仅仅与这个地区的 x_i 有关,还通过乘以一个空间因子 $(I - \rho W)^{-1}$,受到其他地区的 x_i 值影响。

空间误差模型考虑的是误差项之间的空间依赖性,这种空间依赖性的产生可能是由于不可观测的潜变量存在空间相关性,也可能是由于空间单元之间的边界不能精确地表示出各个

单元的邻域。空间滞后模型强调因变量在空间上是自相关的,而空间误差模型将残差看作是空间上自相关。模型表述为

$$y = X\beta + u \tag{2-13}$$

其中,残差 u 可用它的空间滞后来表示,也就是:

$$u = \lambda W u + \varepsilon \tag{2-14}$$

这里,λ 是空间残差自回归系数,剩余的第二个残差项 ε 是相互独立的随机误差。解公式(2-14)得到 u,代入公式(2-13),得到终极模型:

$$y = X\beta + (I - \lambda W)^{-1} \varepsilon \tag{2-15}$$

2.4 研究区概况与数据处理

2.4.1 研究区概况

2.4.1.1 地理位置与自然资源概况

湖北省地处我国中部腹地,地理位置优越,国家骨干线铁路(如京广线、京九线、沪蓉线、焦柳线等)和骨干高速(如京港澳高速、二广高速、沪蓉高速、沪渝高速、福银高速等)穿境而过,又有长江、汉江两条重要的水运通道,特别是省会武汉自古就有"九省通衢"之称,是全国承东启西、连南接北的重要交通枢纽。地理坐标介于东经 108°21′42″—116°07′50″,北纬 29°01′53″—33°06′47″之间,东西长 740km,南北宽 470km,总面积 18.59km²,占全国总面积的 1.93%,全国排名第 14。截至 2015 年,全国下辖 1 个副省级城市、11 个县级市、1 个自治州、3 个直管市以及 1 个林区,共计 18 个市级单位、103 个县级单位(图 2-6)。

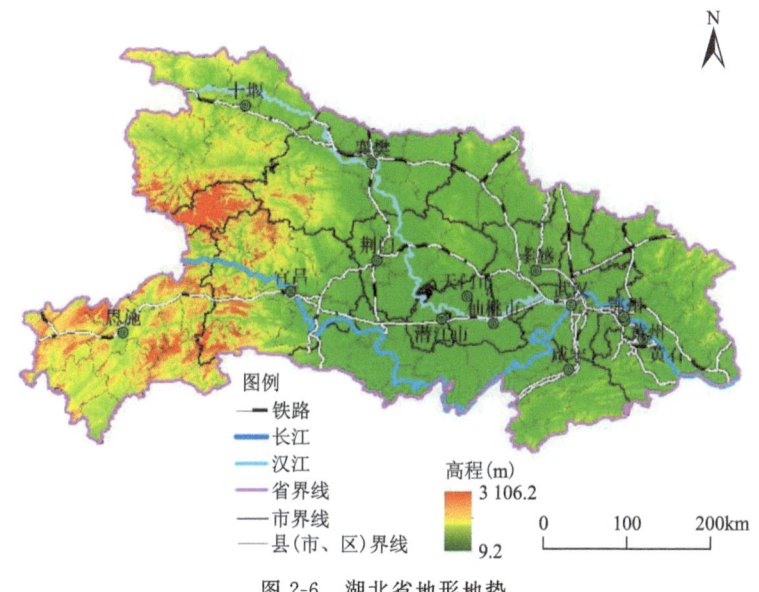

图 2-6 湖北省地形地势

湖北省地势呈三面高、中间低、向南敞开、北有缺口的不完整盆地,东、西、北三面环山。

具体而言,鄂西南为"北东-南西走向"的巫山,鄂西北为"北西-南东走向"的大巴山(包括大神农架、武当山和荆山),鄂中分布有大洪山,鄂东北为"北西-南东走向"的桐柏山、大别山,鄂东南为"北东-南西走向"的幕府山,中部为素有"鱼米之乡"的江汉平原,全省山地、丘陵、平原各占56%、24%、20%;境内长江自西向东横贯1062km,鄂西北至鄂中分布有长江最大支流,鄂西北分布有长江一级支流清江。由于境内水网纵横,湖泊密集,湖北省也被称为"千湖之省";水资源方面,全省自产水资源1036亿 m^3,人均水资源量低于全国平均水平,但入境客水量是自产水资源量的6倍,开发利用条件优越;生物资源方面,已发现木本植物1300种,草本植物2500种以上,陆生脊椎动物562种,其中112种列为国家重点保护野生动物;全省矿产资源丰富,已发现矿产136种,占全国已发现矿种数的81%,其中已探明储量的有87种。

2.4.1.2 社会经济条件

2016年末,常住总人口5885万人,较上年增长了5.07‰,占全国总人口的4.26%,全国排名第9,其中城镇人口3 419.19万人,城镇化率58.1%,人口密度315人/km^2。2016年全省实现国内生产总值32 297.91亿元,较上年增长了8.1%。其中,第一产业完成增加值399.3亿元,增长3.9%;第二产业完成增加值14 375.13亿元,增长7.8%;第三产业完成增加值14 423.48亿元,增长9.5%。三次产业结构由2015年的11.2∶45.7∶43.1调整为10.8∶44.5∶44.7。湖北省2016年其他主要社会经济发展指标:财政总收入4974亿元,增长5.7%;完成固定资产投资(不含农户)29 503.88亿元,增长13.1%;实现社会消费品零售总额15 649.22亿元,增长11.8%;全体居民人均可支配收入21 787元,其中城镇常住居民人均可支配收入29 386元,农村常住居民人均可支配收入为12 725元;公路营运里程达260 178.84km,其中高速公路里程达6 204.29km,路网密度1.36km/km^2。

土地利用转型,即在社会经济变化和革新的驱动下,某一区域在一段时期内由一种土地利用形态转变为另一种土地利用形态的过程,它通常与经济和社会发展阶段的转型相对应。为了进一步理解湖北建设用地转型的社会经济发展背景,本研究选取GDP增长率、二三产业增加值比重、人口城镇化率、城乡居民收入等4个方面的指标作进一步分析,并与全国对应的指标进行对比分析。其中,GDP增长率是指一个国家(或地区)所有常住单位在一定时期内生产的全部最终产品和服务价值的综合增长情况,是衡量一个国家(或地区)总体经济状况的最重要指标(许宪春,2014),也是地区土地利用转型的最重要驱动力;二三产业比重是指第二产业和第三产业即非农产业在国民经济中的比重,随着经济发展导致农业活动比重逐渐下降,非农业活动比重逐步上升,二三产业比重指标值会逐渐升高,可以用来反映一个国家(或地区)经济结构和经济转型发展情况;人口城镇化率表征城乡人口的结构,是使用最广泛的衡量一个国家(或地区)城镇化发展水平的指标,与经济结构变化相适应,一个国家(或地区)会出现乡村人口比重逐渐降低,城镇人口比重稳步上升,居民点的物质面貌和人民的生活方式逐渐向城镇性质转化和强化的过程,是衡量一个国家(或地区)社会发展水平和转型情况的重要指标;城乡居民收入比率表征一个国家(或地区)城乡居民生活水平差距,采用城镇居民可支配收入与农民人均纯收入的比值表示,由于农业收入弹性要低于非农业,城乡居民收入比率一般大于1,大体能反映一个国家(或地区)城镇和乡村的社会经济发展差距。

如图 2-7 所示，湖北省各项社会经济发展指标整体与全国保持同步。从 GDP 增长率来看，自改革开放以来，湖北省的经济发展都保持 10% 左右的稳步快速增长，其 GDP 总值也从改革开放初 1978 年的 151 亿元增长到 2016 年的 32 665.38 亿元，增长了 216.33 倍，经济的快速发展极大地促进了其他方面社会经济的转型。从二三产业增加值比重来看，湖北省总体上和全国还有一定的差距，但随着时间的推移，差距正逐渐缩小，二三产业增加值比重由 1978 年的 59.53% 增长到 2016 年的 88.8%，与全国的差距也从 12.79% 逐渐缩小到 2.32%，取得了明显的进步。从人口城镇化率来看，湖北省城镇化水平自改革开放以来保持了快速发展，由 1978 年的 15.09% 增长到 2016 年的 58.1%，特别是 2009 年以后，湖北省的城镇化进入快速发展阶段，2009—2016 年间年均增长了 1.73 个百分点，并在此期间城镇化率相继突破了 50% 和超过了全国水平。从城乡居民收入比来看，湖北省变化趋势与全国基本一致，但整体

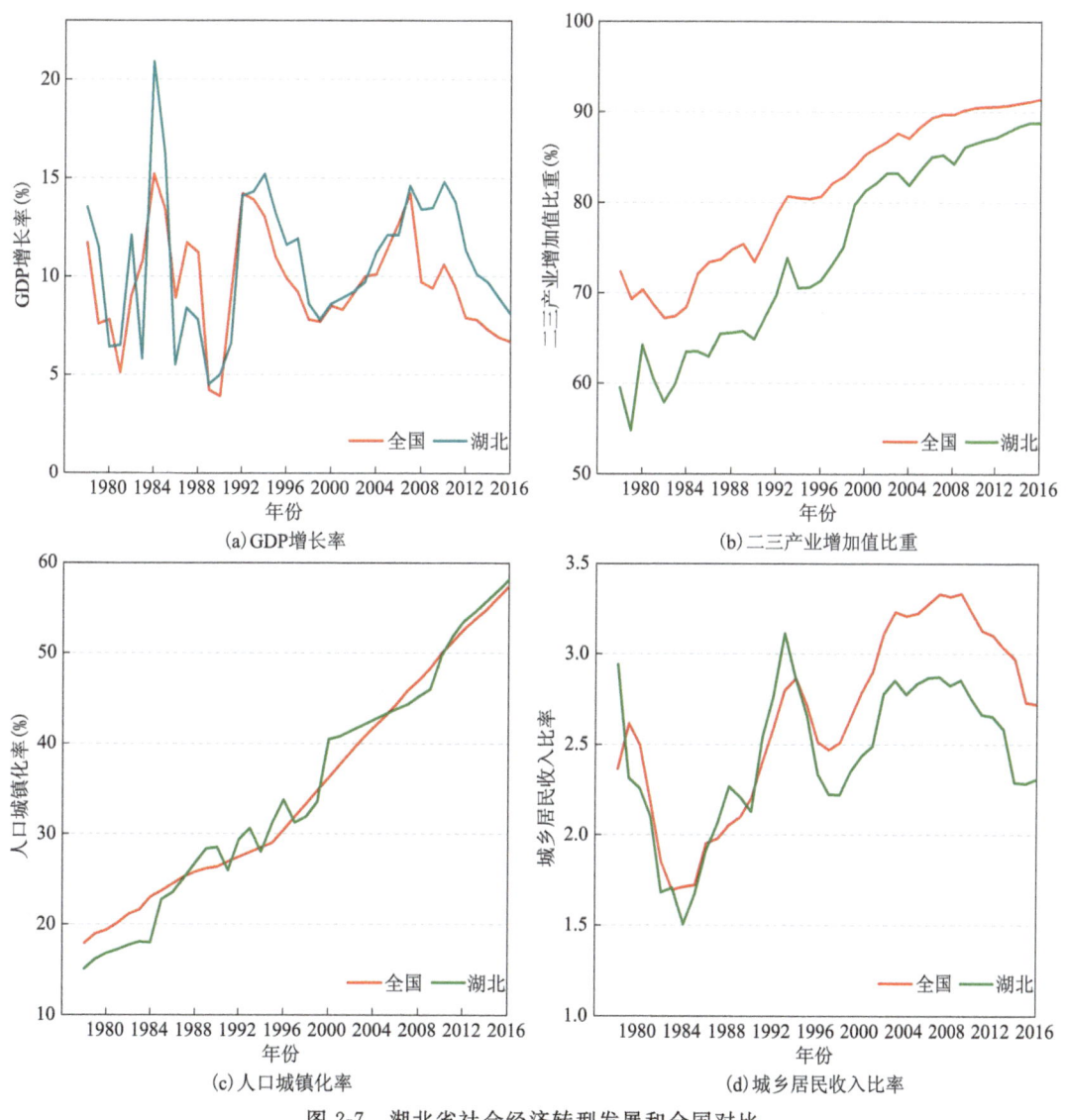

图 2-7　湖北省社会经济转型发展和全国对比

好于全国水平,改革开放之初,随着农村改革特别是家庭联产承包制的确立极大地促进了农村发展,农民收入提高较快,城乡之间的收入差距在1985年左右缩小到最小,但之后国家城市发展倾向明显,城乡收入差距也迅速拉大,直到1994年达到2.86的峰值之后开始出现好转,在此之后湖北省城乡居民收入又经历了扩大和缩小趋势,但整体情况要低于全国平均水平,其中2016年湖北省城乡居民收入比率为2.31,低于全国2.72的水平。

2.4.1.3 土地利用情况

1)土地利用结构

根据湖北省2016年土地利用变更调查数据(表2-2),湖北省耕地面积为57 060.14km^2,占土地面积为30.69%;园地面积为4 956.13km^2,占土地面积为2.67%;林地面积为86 676.90km^2,占土地面积为46.62%;草地面积为2 828.72km^2,占土地面积为1.52%;建设用地面积为14 327.59km^2,占土地面积为7.71%;水域面积为19 003.11km^2,占土地面积为10.22%;其他面积为1 084.83km^2,占土地面积为0.58%。

表2-2 湖北2016年土地利用结构

地类	耕地	园地	林地	草地	建设用地	水域	其他土地
面积(km^2)	57 060.14	4 956.13	86 676.90	2 828.72	14 327.59	19 003.11	1 084.83
比例(%)	30.69	2.67	46.62	1.52	7.71	10.22	0.58

从湖北省2016年土地利用结构可以看出,湖北省林地面积最大,耕地其次,水域所占比例也较高,这些地类具有较强的生态功能和农业生产功能。以生态功能和生产功能为主的国土空间分布符合湖北省生态大省和农业生产大省的定位。具有明显生产生活功能的建设用地2016年面积的比重为7.71%,明显高于全国4%左右的水平(国土资源部,2017)。

从建设用地结构看(表2-3),湖北省2016年城镇用地面积为4 006.44km^2,占建设用地总面积的27.96%;村庄用地面积为8 638.16km^2,占建设用地总面积的60.29%;交通建设用地面积为996.28km^2,占建设用地总面积的6.95%;采矿用地面积为456.7km^2,占建设用地总面积的3.19%;风景名胜及特殊用地面积为230.01km^2,占建设用地总面积的1.61%。

表2-3 湖北省2016年建设用地结构

地类	城镇用地	村庄用地	交通建设用地	采矿用地	风景名胜及特殊用地
面积(km^2)	4 006.44	8 638.16	996.28	456.70	230.01
比例(%)	27.96	60.29	6.95	3.19	1.61

建设用地主要是人民进行生产和生活活动的场所。从湖北省2016年建设用地结构可以看出,还是以生活用地为主,特别是村庄用地占到建设用地总面积的60.29%,是城镇用地面积的2.16倍,远远超过其他建设用地面积。而同期湖北省城镇人口和农村人口比值为1.39:1,因此可以看出湖北省村庄用地比重过大,利用相对粗放。湖北省交通建设用地占建设用地比重为6.95%,低于同期全国9%左右的水平(国土资源部,2017),交通建设用地的分

布是影响地区区位条件的基本因素,对区域社会经济发展有很大的促进作用,湖北省交通建设用地比重整体偏低,今后应当继续促进交通运输建设。采矿用地和风景名胜及特殊用地在湖北省建设用地中所占比重较小,所占比例之和为4.8%,在后面分析中将两者合并,统称为工矿及其他建设用地。

2)土地利用布局

从土地利用空间分布来看(图2-8),湖北省土地利用覆被以林地为主,占据了鄂西山区、丘陵区的大部分地表覆被,同时鄂东南的大别山、桐柏山,鄂中北的大洪山,以及鄂东南的幕府山等山区也以林地覆被为主;耕地分布较为集中,主要分布在中部的江汉平原地区,这些地区分布着长江和汉江两大河流,河网密布,水资源丰富,地势较为平坦,自古以来就是著名的"鱼米之乡";园地主要分布在长江三峡河谷地带、鄂西清江流域、鄂东南幕府山区等地;建设用地分布整体上是鄂东>鄂中>鄂西,鄂东主要分布在湖北省社会经济发展水平最高的武汉市及其周边地区,鄂中的江汉平原是传统的农业区,社会发展水平较高,分布着大量的建设用地,鄂西的建设用地分布较少,主要集中在城市周边。

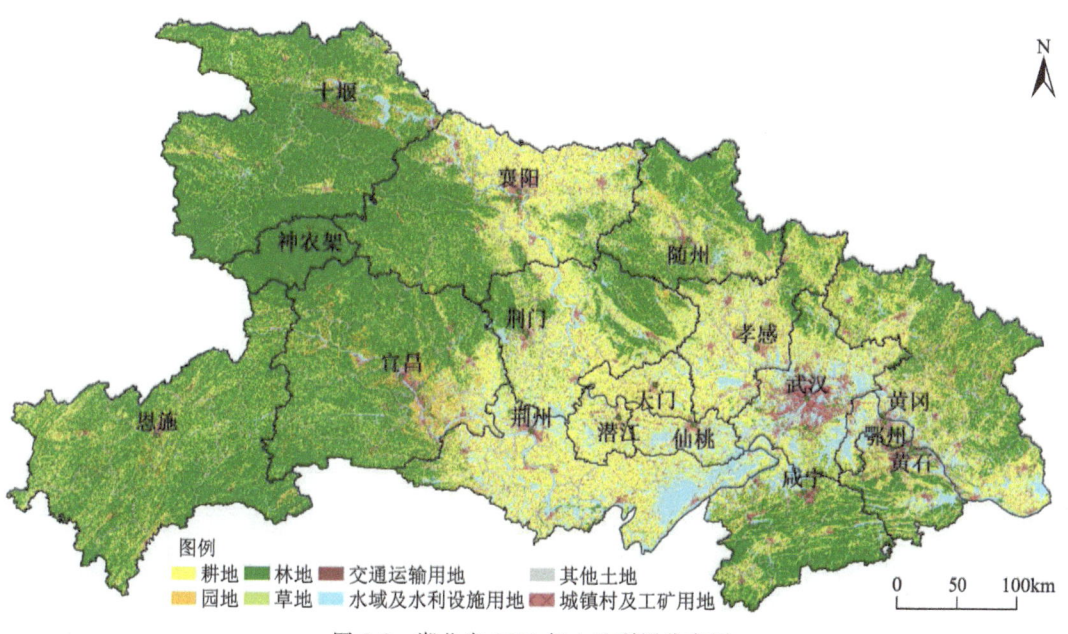

图 2-8 湖北省 2016 年土地利用分布图

3)土地利用变化

从2009—2016年湖北省土地利用结构变化来看(图2-9),耕地、园地、林地、草地、水域及水利设施用地在2009—2016年间面积都出现逐渐减少趋势,只有城镇村及工矿用地、交通运输用地和其他土地的面积逐渐增长。林地作为湖北省第一大地类,其面积在2009—2016年间共减少了691.92km²;耕地在此期间减少的面积最大,共减少了750.7km²;以河流湖泊为主的水域及水利设施面积也有明显减少,共减少了205.21km²,但水域在2013年以后减少趋势得到遏制,面积虽还有一定减少但趋于稳定;园地和草地总面积相对较小,但2009—2016年分别减少了144.28km²和140.33km²,减少比例分别达到2.9%和4.7%,减少速率明显高于其他地类。交通运输用地和城镇村及工矿用地是研究期间面积增长最明显的地类,其面积分别从 2009 年的 598.36km² 和 11 906.06km² 增长到 2016 年的 996.28km² 和 13 331.31km²,增长率分别达到 66.5% 和 11.97%。以空闲地、裸地、荒地,以及田坎、设施农用地等地类为主的其他土地的面积在 2009—2016 年间也有明显增长,共增加了 109.27km²。从整体变化特征来看,湖北省土地利用变化是以生活和工业生产功能为主的建设用地快速扩张,并侵占了以生态和农业生产功能为主的林地、耕地、草地等地类。

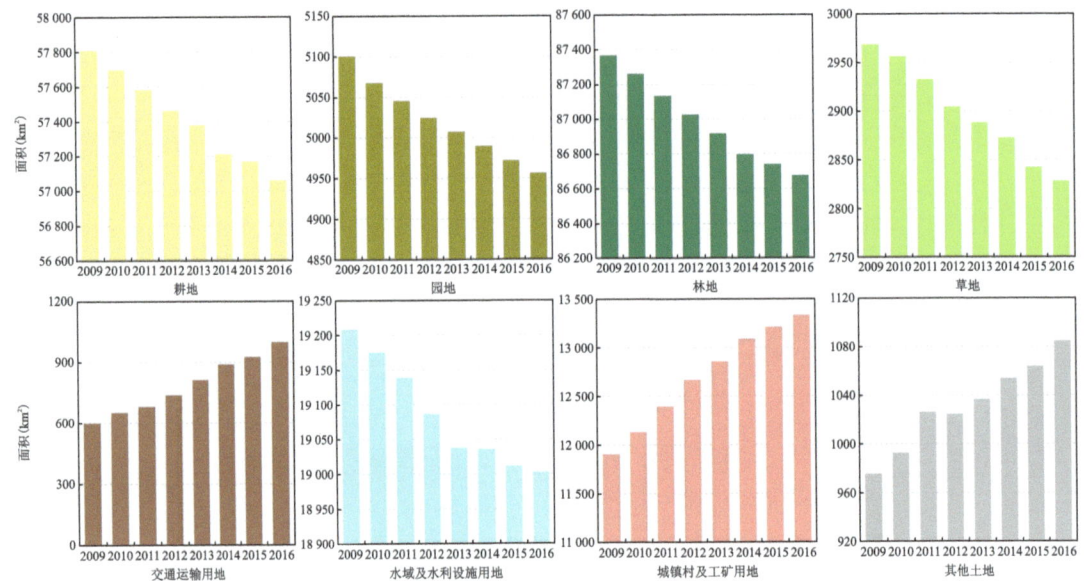

图 2-9 湖北省 2009—2016 年土地利用结构变化图

4) 土地利用特点和问题

(1) 生态条件优越,资源禀赋突出。湖北省生态功能用地比重大,林地、水域、草地等生态功能土地占到湖北省国土空间的 58% 以上,森林覆盖率高达 46.62%,这些条件造就了湖北省良好的自然条件和优越的生态系统,有力地促进了湖北省生态文明建设。同时湖北省水土资源条件好,耕地面积和水域面积比重都明显高于全国水平,特别是鄂中和鄂东的长江和汉江流域地势平坦、水网纵横、湖泊密布,农业生产和城乡建设条件优越。湖北省良好的土地利用条件具有丰富的生态价值,为湖北省社会经济发展提供了坚实保障。

(2) 建设用地快速扩张,占用大量生产生态用地。湖北省建设用地在 2009—2016 年间年均增长面积达到 260.45km²,相当于每年再造 4.3 个城市(我国 2014 年平均市区面积 60km²)(国家统计局,2016)。建设用地的过快增长会导致土地利用效益降低,并会威胁到地区的粮食和生态安全,不利于社会经济的可持续发展。

(3) 建设用地结构不合理,村庄用地比例较大。湖北省建设用地类型中,村庄用地面积所占比例高达 60.29%,而同期农村人口比例只有 41.84%,人地结构不匹配,农村建设用地利用十分粗放,具有较大的整治潜力,是今后建设用地利用优化的重点内容。同时,作为区域社会经济发展基础动力的交通建设用地只占建设用地的 6.95%,低于全国水平,今后应适当加大交通运输建设,促进区域社会经济发展。

2.4.2 数据来源与处理

2.4.2.1 数据来源

本研究主要分析建设用地特征、与社会经济发展耦合关系及转型驱动机制,因此所用到的数据主要包括相关年份的建设用地数据、社会经济数据、自然条件及地理区位数据等(表2-4)。

表2-4 研究所涉及的数据类型、项目、来源和用途

数据类型	数据项目	数据来源	数据用途
建设用地数据	建设用地统计数据	2009年和2016年的《中国国土资源统计年鉴》,各年度国土资源统计公报	建设用地转型研究背景介绍及对比分析
	建设用地矢量数据	湖北省2009年第二次全国土地利用调查成果数据,以及2010—2016年各期土地利用现状年度变更数据	建设用地现状、结构、布局及变化分析
社会经济数据	总人口、GDP、人口自然增长率、城镇人口、乡村人口、城镇居民人均可支配收入、农村居民人均纯收入、固定资产投资额、地方财政收入、一二三产业增加值、粮食产量等	2009年和2016年的《中国统计年鉴》《湖北省统计年鉴》《湖北省农村统计年鉴》、各地级市统计年鉴、湖北省第六次人口普查成果、各县市区2009—2016年年度社会经济发展统计公报等,此外还参考了湖北省各市级、县级政府年度工作报告、规划文件及政府网站发布相关信息等	主要用于建设用地转型与社会经济发展耦合关系分析、建设用地转型驱动机制分析,以及用于建设用地数量、结构、变化分析及背景介绍用到的社会经济指标分析
自然条件及区位数据	DEM高程数据及其衍生数据,如高程、坡度等	2011年ASTER GDEM ver.2的30分辨率高程数据	建设用地结构和布局分析,建设用地转型驱动机制分析中所需要的自然条件指标数据分析
	地理区位坐标数据、道路河流矢量数据	湖北省2009年第二次全国土地利用调查成果数据,以及2010—2016年各期土地利用现状年度变更数据	
	城市中心分布数据	2016年湖北省土地利用现状年度变更数据	

2.4.2.2 数据预处理

本书定量研究数据分析包括建设用地转型特征分析、建设用地转型与社会经济耦合关系分析、建设用地转型驱动机制分析等方面,需要用到与人口、经济、产业结构、交通等有关的社会经济数据和土地利用相关的矢量数据,数据涉及 2009—2016 年湖北省 103 个县(区、市),数据量大且覆盖面广。不同数据类型与来源的空间特征、时间特征、内涵定义等也存在不一致的情况,为了科学进行数据分析必须根据确定的分析时间点、分析单元、内涵定义等进行统一,即进行数据预处理。

1)评价尺度和分析单元的选取

本研究是以湖北省为例对快速城镇化背景下的建设用地转型特征及机制进行研究,为了更好地挖掘建设用地转型机制相关信息,评价制度采取宏观和微观相结合进行多尺度评价分析。建设用地转型特征是以土地形态变化特征分析为主,受物理因素和人为因素在时空上交互作用影响,具有显著的多尺度特征,随着研究尺度的精细可以挖掘更多的土地利用变化信息(罗格平等,2009),所以在建设用地转型特征分析部分选取较小尺度的乡镇单元进行分析,揭示更详细的空间分异特征。建设用地转型与社会经济发展耦合分析需要用到大量人口、经济统计数据,考虑到数据的获取难易程度和使用的完整性,这部分主要以县级行政单元为评价单元。建设用地转型驱动机制分析部分,选取的驱动因素涉及自然、区位、社会经济等多个方面,不同类型因素对土地利用变化作用的尺度不同,如地形、土壤条件等自然因素,以及到道路、河流、行政中心距离等区位因素对土地利用变化的作用主要跟空间距离有关,而社会经济因素主要在行政单元体系内发生作用,根据我国现在的社会经济数据统计情况来看,在省域等较大范围内能够获取的最小级别社会经济数据尺度是县级行政单元,因此在建设用地转型驱动机制分析部分,采用乡镇和县域两个尺度分别分析自然、区位因素及社会经济因素。建设用地转型优化调控研究主要是根据区域转型特征、社会经济耦合关系及驱动机制等方面的分析结果,结合宏观土地利用规划、政策,对研究区域进行划分,所以这部分以县级行政单元为评价单元。

2)社会经济数据的预处理

被研究利用的社会经济数据涉及整个湖北省 2009—2016 年的多方面数据,为了维持数据的完整性,在收集过程中尽可能多地采集相关数据,对部分缺失的数据采用内插和降级等数据处理方式进行补充。同时收集到的社会经济数据都是基于统计的面板数据,为了和土地利用数据进行关联分析,需要对其进行空间化处理。湖北省共有 103 个县级行政单元,其中很多城市为了便于管理将中心城区划分为多个行政片区,而这些中心城区片区的社会经济数据通常并没有进行单独统计。因此,为了和收集到的社会经济数据进行匹配,本研究对相关的行政单元进行了合并,最后得到 87 个县级评价单元,共涉及 7 个地级市,具体包括将武汉市的江岸区、江汉区、硚口区、汉阳区、武昌区和洪山区 7 个区合并为武汉市区;将黄石市的黄石港、西塞山区、下路区和铁山区 4 个区合并为黄石市区;将十堰市的茅箭区和张湾区合并为十堰市区;将宜昌市的西陵区、伍家岗区、点军区和猇亭区 4 个区合并为宜昌市区;将襄阳市的襄城区和樊城区合并为襄阳市区;将鄂州市的鄂城区、梁子湖区和华容区 3 个区合并成鄂州市。

2.5 本章小结

本章构建了全书的研究基础,共有基本概念、基础理论、主要技术方法、研究区概况与数据处理等部分。其中基本概念和基础理论部分界定了本书涉及的几个重要基本概念,阐述了与本书的基础理论。研究区概况与数据处理部分详细介绍了本书所选研究区的基本情况及所采用的数据类型、来源和处理。具体而言,首先根据以往的研究对建设用地、土地利用转型等概念的理解和研究,提出了本书研究内容建设用地转型概念的定义,为本书后续的研究定下基础;然后介绍了建设用地转型研究相关的基础理论,其中包括人地关系理论、区域可持续发展理论、城镇化发展阶段理论和地理区位理论等;最后对本研究的实例研究区湖北省,从地理位置与自然资源概况、社会经济条件、土地利用情况3个方面进行了介绍,并阐明了本研究所用到的数据来源和预处理方法。本章的研究是后续章节研究的基础,为后面研究问题的开展提供了提纲挈领的作用。

第 3 章 建设用地转型特征研究

3.1 研究思路与方法

3.1.1 研究思路

建设用地转型是建设用地利用形态在社会经济转型的驱动下和国家发展战略/政策引导下由一种形态向另一种或多种形态转变的时空演变过程。建设用地形态是建设用地转型的具体表征,其中包括包含数量、结构和空间形态在内的建设用地显性形态和经济效益、集约强度和权属性质等隐性形态。在特定的时空范围内,建设用地会受区域社会经济发展的影响导致数量的增减进而引发数量、结构和空间形态的变化,而在建设用地开发利用过程中,其经济效益、集约强度等隐性形态也会发生改变。不同的地理环境受其区位条件、社会经济发展水平和政策体制的影响,区域建设用地利用形态的变化的大小、快慢等特征也会存在差异,进而产生区域间建设用地转型的非均衡性。因此,建设用地转型研究主要涉及建设用地数量、结构、分布等显性形态,经济效益、集约强度等隐性形态特征的时空转换规律等方面。本书从选取特定的指标,从显性形态和隐性形态变化两个方面揭示建设用地转型时空转换特征。

湖北省建设用地转型特征具体研究分析框架如图 3-1 所示。

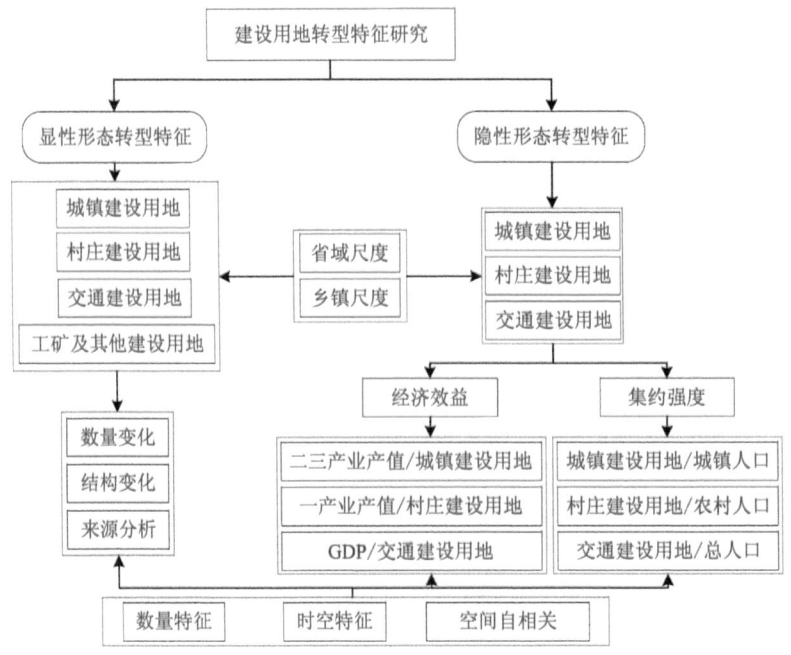

图 3-1 建设用地转型特征分析框架

3.1.2 研究方法

3.1.2.1 显性形态转型特征分析

建设用地显性形态转型特征主要从建设用地整体和城镇建设用地、农村建设用地、交通建设用地和工矿及其他建设用地的内部数量、结构和空间分布等方面在2009—2016年变化的时空差异来反映。最后结合耕地、林地、草地、水域、其他用地的地类,利用土地利用转移矩阵对湖北省建设用地转型的来源进行了分析,并对各类建设用地来源的比例进行了分析,以期挖掘城乡建设转型过程中存在的问题,并为建设用地调控提供决策信息。

转型幅度是建设用地形态变化幅度的表征。根据土地利用转型的概念和内涵,本研究采用各类建设用地形态的表征要素在区域总面积的份额变化来表示建设用地数量转型幅度。因此,建设用地利用数量形态转型变化幅度可以用各类建设用地在研究基期和末期在区域总面积的份额的变化的相对值来表示,公式如下:

$$X_{ia} = S_{ia}/S \times 100\% \tag{3-1}$$

$$X_{ib} = S_{ib}/S \times 100\% \tag{3-2}$$

$$F_i = (X_{ib} - X_{ia}) \times 100 \tag{3-3}$$

式中:X_{ia}为基期第i类建设用地形态在区域总面积中的份额;X_{ib}为末期第i类建设用地形态在区域总面积中的份额;S_{ia}为基期第i类建设用地利用形态;S_{ib}为末期第i类建设用地利用形态;S为区域总面积;F_i为第i建设用地转型幅度。

建设用地的来源是研究建设用地转型的动力基础,通过分析各类建设用地与其他土地利用类型的转换关系,可以明确建设用地数量的转入情况,分析建设用地转型对其他地类的影响。本书在研究土地利用变化转型矩阵分析的基础上,采用土地利用类型转换比例开展建设用地转换规律的针对性研究。由于建设用地整体都是呈增长趋势,减少或者转出比例较少,这部分主要研究各类建设用地在转换过程中其他地类转入的比例,依据公式如下:

$$C_{\text{gain}(i)j} = \frac{C_{ij}}{(C_{i2016} - C_{i2009})} \times 100\%, i \neq j \tag{3-4}$$

式中:$C_{\text{gain}(i)j}$是转换过程中j类土地利用类型转为i类建设用地在i类建设用地转入地类中所占比例;C_{ij}是第j类土地利用类型转换为i类建设用地的面积;C_{i2016}、C_{i2009}分别是i类建设用地2009年和2016年的面积。

建设用地转型均衡度是表征建设用地转型测度指标在一定区域内分布均衡程度的指标。本书对建设用地转型空间均衡性研究主要采用洛伦兹曲线和空间自相关分析两种方法。其中洛伦兹曲线可以从绝对意义上刻画区域建设用地形态转换量的均衡度,空间自相关可以分析建设用地转型形态指标的空间分布规律。洛伦兹曲线的基本原理是指一定区域内,通过人口百分比(从最贫困人口计算到最富有人口)对应各个人口百分比和收入百分比的点构成的一条曲线,并与该区域"人口-收入"绝对平均线进行比较,该曲线越靠近绝对平均线则表明收入分配越均衡。本书借用洛伦兹曲线的含义,将研究单元各类建设用地数量形态转换量从小到大排列,横坐标表示县域单元个数累积百分比,纵坐标表示建设用地数量形态转换量累积百分比,借此分析绝对意义上建设用地转型的均衡度。

3.1.2.2 隐性形态转型特征分析

建设用地隐性形态涉及建设用地的权益、经营方式、权属信息、经济效益、集约利用强度等方面的属性(吕晓,2015)。但是权属、经营方式和权属信息等涉及建设用地使用主体之间的利益,难以进行定量化表达。为了定量分析湖北省建设用地隐性形态转型特征,本书选取建设用地的经济效益和集约强度两个方面对建设用地隐性形态转型特征进行分析。通过湖北省建设用地转型显性形态分析,湖北省的工矿及其他建设用地类型所占比重较小且总体变化特征不明显,因此在湖北省建设用地转型隐性形态特征分析部分,只分析城镇建设用地、农村建设用地和交通建设用地3种建设用地类型。根据不同建设用地类型的利用特征,其经济效益定义如下:

$$CZJJ = \frac{GDP_{23}}{A_{cz}} \quad (3-5)$$

$$NCJJ = \frac{GDP_1}{A_{nc}} \quad (3-6)$$

$$JTJJ = \frac{GDP}{A_{jt}} \quad (3-7)$$

式中:CZJJ、NCJJ 和 JTJJ 分别是城镇建设用地经济效益、农村建设用地经济效益和交通建设用地经济效益;GDP、GDP_{23} 和 GDP_1 分别是区域生产总值、二三产业产值和一产业产值;A_{cz}、A_{nc} 和 A_{jt} 分别是城镇建设用地面积、农村建设用地面积和交通建设用地面积。

集约强度定义如下:

$$CZQD = \frac{A_{cz}}{P_{cz}} \quad (3-8)$$

$$NCJJ = \frac{A_{nc}}{P_{nc}} \quad (3-9)$$

$$JTJJ = \frac{A_{jt}}{Pop} \quad (3-10)$$

式中:P_{cz}、P_{nc} 和 Pop 分别是区域城镇人口、区域农村人口和区域总人口。

建设用地经济效益和集约强度转型特征分析主要是以乡镇行政尺度进行分析,以通过官方可以获取的经济、人口数据多数是以县级行政区为最小统计单元,以往的研究在涉及乡镇或栅格等微观尺度分析时,经济、人口等数据多是通过面积加权或者均分等方法赋值(Li et al.,2015;侯贺平,2015),这些方法虽然在一定程度上解决了微观尺度数据获取的难题,但其结果数据往往有很大的偏差。国内外已有的研究证明,区域人口数量和经济发展之间存在明显的耦合关系,人口多的地区,其经济发展水平通常也相对较高(Benhabib and Spiegel,1994;胡鞍钢等,2012;于婷婷等,2017)。为了提高乡镇的单元经济、人口数据获取的精度,本书以湖北省2010年第六次全国人口普查成果各乡镇人口总数为权重,将各县级单元研究年份的经济、人口数据分配给辖属乡镇。具体计算过程如下:

$$V_{(j)i} = C_i \times \frac{P_{(j)i}}{P_i} \quad (3-11)$$

式中:$V_{(j)i}$ 为第 i 个县辖属第 j 个乡镇的经济或人口指标值;C_i 为第 i 个县的经济或人口指标

值;$P_{(j)i}$为第i个县辖属第j个乡镇的第六次人口普查人口数量;P_i为第i个县的第六次人口普查人口数量。

3.2 显性形态转型特征分析

3.2.1 建设用地数量转换特征

3.2.1.1 数量转换时序特征分析

湖北省各类建设用地的面积在2009—2016年都有一定的增长(表3-1),其中城镇建设用地和交通建设用地增长较快,农村建设用地和工矿及其他建设用地虽有增长但增长率较低。其中城镇建设用地是所有建设用地类型中面积增长最多的,2009—2016年间共增长了1 236.17km²,增长率为44.62%,年均增长176.6km²;交通建设用地面积增长最快,2016年的面积相比2009年增长了66.5%,总共增长了397.92km²,年均增长56.85km²;农村建设用地是湖北省建设用地比重最大的地类,2016年相对2009年面积增长了2.08%,共增长了176.41km²;工矿及其他建设用地是湖北省建设用地所占比重最小的地类,其面积在2009—2016年间比较稳定,只增长了1.88%。

表 3-1 2009—2016 年湖北省建设用地变化情况

建设用地类型	2009年(km²)	2016年(km²)	增长量(km²)	年均增长量(km²)	增长率(%)
城镇建设用地	2 770.27	4 006.44	1 236.17	176.60	44.62
农村建设用地	8 461.75	8 638.16	176.41	25.20	2.08
交通建设用地	598.36	996.28	397.92	56.85	66.50
工矿及其他建设用地	674.04	686.71	12.67	1.81	1.88

从变化趋势来看(图3-2),其中城镇建设用地、农村建设用地和交通建设用地的面积在研究期间都处于稳定增长态势,而工矿及其他建设用地的面积在2009—2012年逐渐增长,在2012年以后开始出现下降。从增长趋势来看,城镇建设用地整体增长比较平稳,年均增长面积为176km²;农村建设用地的增长则有明显放缓趋势,其中2009—2012年增长较快,2012—2016年增长放缓,特别是2014年以后农村建设用地面积趋于稳定;交通建设用地的面积增长整体呈加速增长模式,年均增长速度也由2012年以前的50km²增加到2012年以后的70km²以上,这可能与湖北省交通建设用地占地比例偏低和近年来湖北省对交通运输建设投入加大有关;工矿及其他建设用地面积呈波动变化,前半阶段增长,后半阶段有所降低。

3.2.1.2 数量转换来源分析

为了便于数据处理和分析,本书在分析土地利用转型部分将在湖北省土地利用类型中所占比重较小的园地归并到林地之中,交通建设用地和城镇村及工矿用地合并为建设用地。合并后湖北省土地利用类型共有6类,即耕地、林地、草地、水域、建设用地和其他用地。

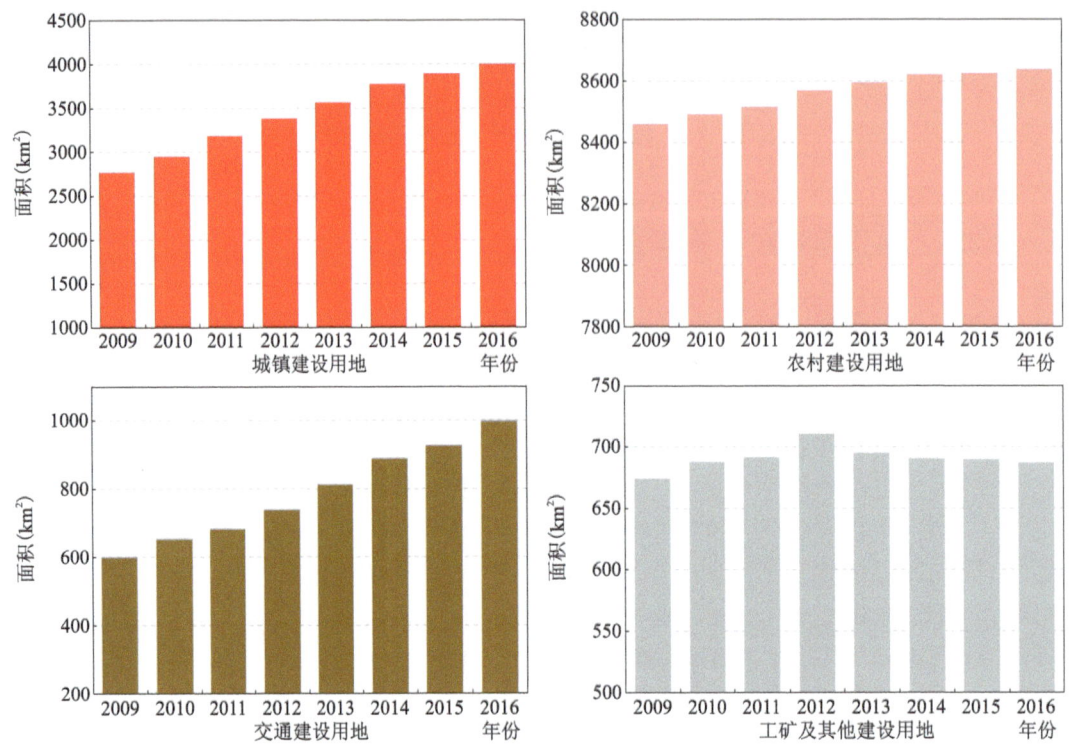

图 3-2 2009—2016 年湖北省建设用地转型趋势（单位：km²）

从提取 2009—2016 年湖北省土地利用状况及其转型结果来看（表 3-2），各类土地利用类型转型的特点是：建设用地和其他用地的增加伴随耕地、林地、草地、水域的减少，具体表现为建设用地占用了大量耕地、林地和水域等，同时也有部分建设用地恢复为耕地，耕地也占用了大量林地、草地和水域，作为湖北省将来土地开发主要后备资源的其他用地由于耕地、林地等地类的转入有了一定的增加。各种地类相互之间转型比较活跃的主要是建设用地—耕地、建设用地—林地、建设用地—水域、耕地—林地、耕地—草地、耕地—水域等。

表 3-2　湖北省 2009—2016 年土地利用变化转移矩阵　　　　　　　　单位：km²

2009 年土地利用类型	2016 年土地利用类型						
	耕地	林地	草地	水域	建设用地	其他用地	总计
耕地	—	144.02	8.65	94.05	1 251.39	88.86	1 586.97
林地	506.80	—	14.68	38.37	424.36	33.78	1 017.99
草地	119.65	7.75	—	2.33	31.86	4.82	166.41
水域	90.23	5.95	0.90	—	249.86	7.91	354.85
建设用地	112.45	21.64	1.25	14.56	—	0.99	150.88
其他用地	6.82	2.57	0.53	0.36	16.64	—	26.91
总计	835.94	181.93	26.00	149.68	1 974.11	136.36	3 304.01

从湖北省建设用地各用地类型转型来源来看(表 3-3),耕地、林地、水域的转型是各建设用地类型扩张的主要来源,基本上都占到各建设用地类转型来源的 90% 以上。其中耕地资源是各类建设用地扩张的主要来源,占各类用地扩张来源的一半左右,林地、水域和草地等生态用地则补充了剩下的绝大部分来源。

表 3-3 湖北省 2009—2016 年建设用地转型来源

土地类型	期内增加面积(km²)	类型Ⅰ	贡献率(%)	类型Ⅱ	贡献率(%)	类型Ⅲ	贡献率(%)	类型Ⅳ	贡献率(%)
城镇	1 244.98	耕地	61.38	林地	18.44	水域	13.02	村庄	3.77
农村	363.26	耕地	66.45	林地	21.5	水域	8.77	草地	1.3
交通	401.77	耕地	55.42	林地	24.77	水域	12.67	村庄	4.38
工矿	50.70	耕地	45.76	林地	33.8	水域	9.88	草地	4.04

城镇建设用地扩张对耕地资源的占用最多,共占用了 764.16km²,占其扩张来源的 61.38%,而农村建设用地只占城镇建设用地扩张来源的 3.77%,说明 2009—2016 年建设用地"增减挂钩"政策在湖北省执行效果并不明显,城市扩张仍旧以占用耕地、林地等生产和生态用地为主。农村建设用地是对耕地占用比例最高的地类,农村建设用地扩张来源的 66.45% 都是占用耕地,研究期间共占用了 241.38km²,在城镇化水平不断提高、农村人口逐渐减少的背景下,农村建设用地对耕地资源的持续占用是需要重视和解决的土地利用问题。交通建设用地是研究期间扩张速度最快的建设用地类型,其对耕地的占用达到 222.65km²,接近农村建设用地的水平,占其扩张来源的 45.76%,为了促进区域经济发展,交通建设用地的扩张和对耕地、林地等土地资源的占用难以避免,但随着占用总量的不断提升,对区域土地资源的可持续利用带来的问题需要重视,今后在保障交通建设用地发展的同时应提供一定的投入,通过土地整理等措施实现对耕地、林地的补充,以弥补区域粮食生产和生态安全的损失。林地、水域、草地等生态用地也是各类建设用地扩张的主要来源,占各类用地扩张来源的 30% 以上。通过建设用地扩张来源分析,湖北省建设用地的快速扩张占用了大量的农业生产和生态用地,威胁到区域的粮食生产安全和生态环境,不利于区域土地资源的可持续利用,因此今后建设用地转型应当加强转型方向和转型结构上的管控,遏制部分建设用地类型的过快增长,提高建设用地的利用水平和利用效益。

3.2.1.3 数量转换空间特征分析

2009—2016 年湖北省不同类型建设用地转型数量和幅度的空间分布呈不同特征(图 3-3)。其中:①湖北省乡镇单元城镇建设用地转型数量在 -2.16~21.17km² 范围内,转型幅度在 -1.36%~42.39% 之间,整体呈东高西低的分布特征,城镇建设用地数量增长较大的区域主要分布在以武汉市为中心的东部地区,西部地区整体较低,只有宜昌、襄阳、十堰的主城区数量增长较大,这与这些地区经济发展水平较高有很大的关系,较高的经济发展水平推动了土地城市化率的提高,城镇建设用地转型幅度分布特征整体和转型数量较为一致,且

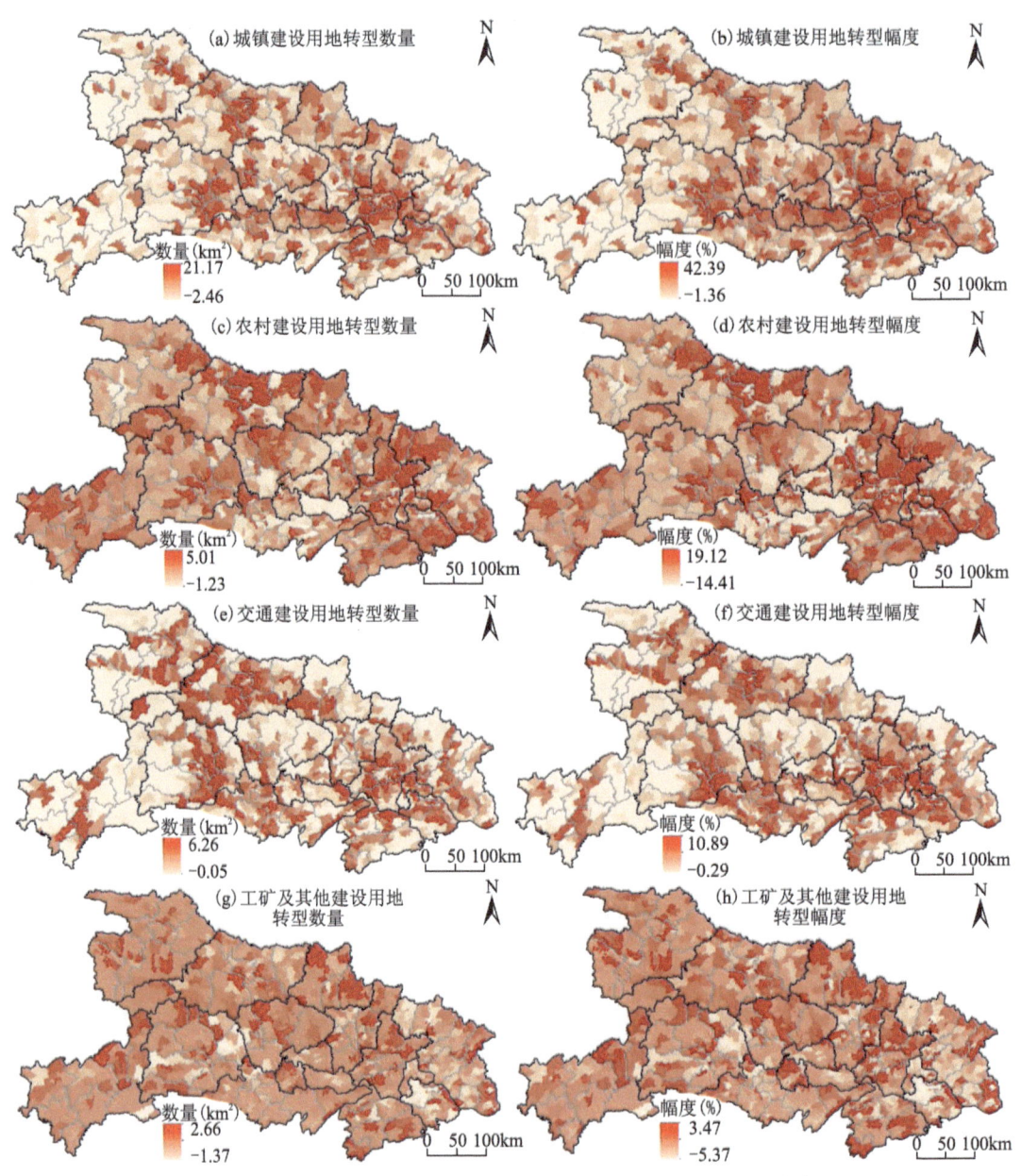

图 3-3 2009—2016 年各类建设用转型数量和转型幅度空间分布

东高西低特征更加明显;②农村建设用地转型数量在 $-1.23 \sim 5.01 km^2$ 之间,转型幅度在 $-14.41\% \sim 19.12\%$ 之间,农村建设用地数量和转型幅度较大的地区主要位于东部以及中西部的襄阳、荆门、宜昌等地,而位于江汉平原的天门、潜江和仙桃等地区,农村建设用地增长幅度较低甚至出现负增长,这些地区是传统的农耕地区,村庄建设工地比重较大,农村发展比较发达,所以增长幅度相对较低;③交通运输是这些年湖北省大量发展的事业,整体来看湖北省各地区的交通建设用地都有一定的增长,并且交通建设用地转型数量和转型幅度都呈明显的环带特征,即交通建设用地增长幅度较大的地区整体上沿长江沿线和汉江沿线分布,这可能与湖北省近年大力发展长江经济带和汉江经济带有关;④工矿及其他建设用地在湖北省建设用地中所占比重较小,其转型幅度也较低,大部分地区的工矿及其他建设用地面积都没有明显的变化,转型数量和转型幅度较大地区主要分布在鄂北和鄂西的部分山区,东部的黄石等湖北省传统的工矿资源优势地区该地类的面积则明显减少,这与前期对矿产资源的大力开采导致矿产资源枯竭而进行的工矿复垦有关。

3.2.1.4 数量转换均衡性分析

1)洛伦兹曲线分析

如图 3-4 所示,2009—2016 年湖北省县域各类建设用地数量形态变化的非均衡程度都较为明显。从各类建设用地数量形态转型洛伦兹曲线曲率变化来看,工矿及其他建设用地数量

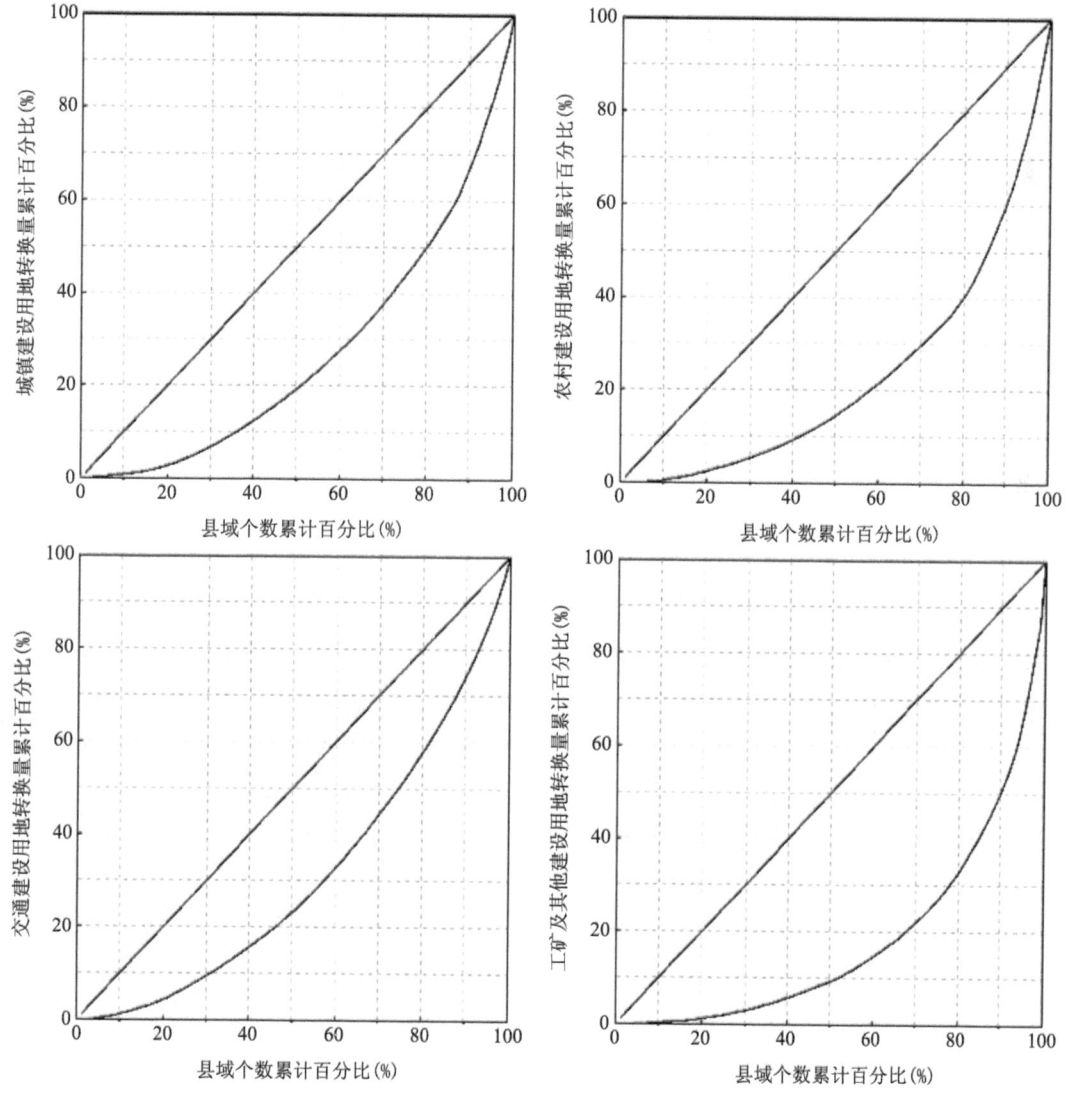

图 3-4 县域建设用地数量形态转型洛伦兹曲线

形态变化的非均衡性程度最大,农村建设用地次之,城镇建设用地较小,交通建设用地最小。工矿及其他建设用地转换量累计率排名前20%的县域各占其总数量形态转换量的66.39%,农村建设用地转换量累计率排名前20%的县域各占其总数量形态转换量的59.1%,城镇建设用地转换量累计率排名前20%的县域各占其总数量形态转换量的49.36%,交通建设用地转换量累计率排名前20%的县域各占其总数量形态转换量的41.6%。

2)空间自相关分析

通过借助空间自相关分析进一步探究湖北省建设用地转型的空间分布规律(图3-5)。从局部空间自相关来看,湖北省城镇建设用地转型数量变化的冷热点分布空间特征明显,其中热点地区主要集中在武汉市、襄阳市、十堰市、宜昌市、随州市等城市的主城区,主城区是各个地市的经济发展中心,也是各个地市城镇化发展水平最高和最快的地区,城镇建设用地转型幅度也较大,冷点地区则主要集中在西部的十堰市、宜昌市、恩施州等部分地区;农村建设用地转型数量变化的热点地区主要分布在黄冈市、宜昌市部分地区及孝感市与武汉市交界地区,冷点地区主要集中在中部的仙天潜地区;交通建设用地转型数量变化热点地区主要集中在武汉市、宜昌市和襄阳市,这3个地区分别是湖北省"一主两副"发展战略的省域中心城市和副中心城市,其经济发展潜力和活力较大,交通建设力度较大,冷点地区则主要分布在西部的十堰市、恩施州和中部的荆门市、潜江市等地区;工矿及其他建设用地转型数量变化热点和冷点分布较为零散,冷点地区主要集中在黄石市,热点地区在武汉市、随州市、荆门市等地区有零散分布。从空间自相关散点图来看,城镇建设用地、农村建设用地和交通建设用地转型数量变化分布都主要集中在第一象限,全局Moran's I指数都在0.3左右且统计上显著,空间自相关性较强,工矿及其他建设用地在各个象限分布较分散,全局Moran's I指数虽然统计上也通过显著性检验,但数值较低,其空间自相关性低于其他建设用地类型。

3.2.2 建设用地结构转换特征

建设用地在湖北省各类土地利用类型中所占比例虽低于林地、耕地和水域等生产生态类用地,其面积一直处于稳定增长状态,所占的比例也逐渐上升(图3-6)。建设用地占湖北省总面积比例由2009年的6.72%逐渐增长到2016年的7.71%,研究期间其所占国土空间比例提高了接近1个百分点。但是在2013年以后,建设用地扩张的速度有所放缓,说明对建设用地过快增长的管控措施开始有一定的成效,今后应当继续加强建设用地管理调控政策的执行效率,提高建设用地集约利用水平。

2009—2016年间,4种不同类型的建设用地所占建设用地的比重有明显的变化(图3-7)。其中交通建设用地和城镇建设用地的比重不断提升,农村建设用地和工矿及其他建设用地的比重持续下降。农村建设用地、城镇建设用地、交通建设用地和工矿及其他建设用地在湖北省建设用地结构比例由2009年的67.67∶22.15∶4.79∶3.63变为60.29∶27.96∶6.95∶3.19。

第 3 章 建设用地转型特征研究

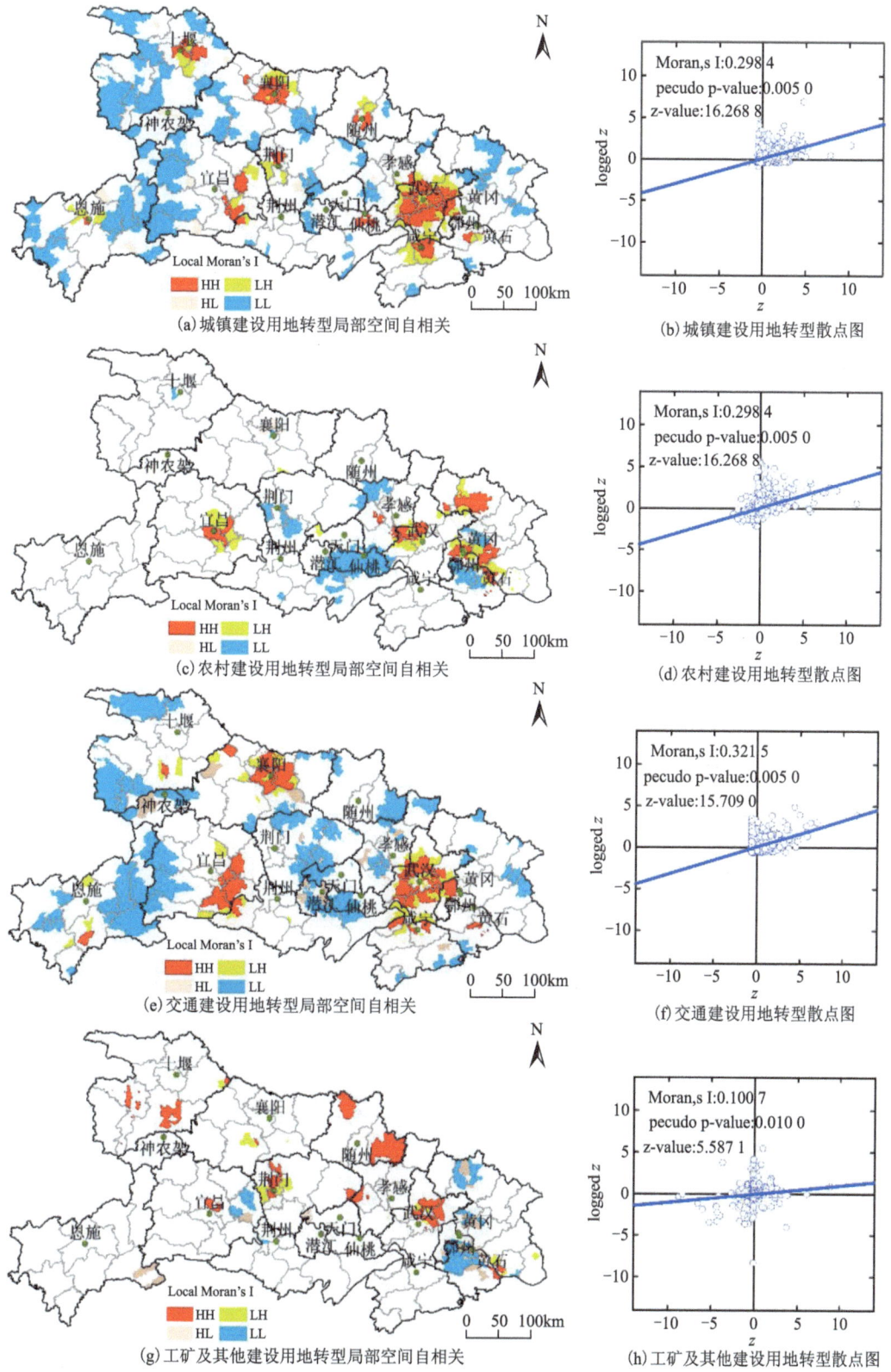

图 3-5 湖北省建设用地转型空间自相关分析

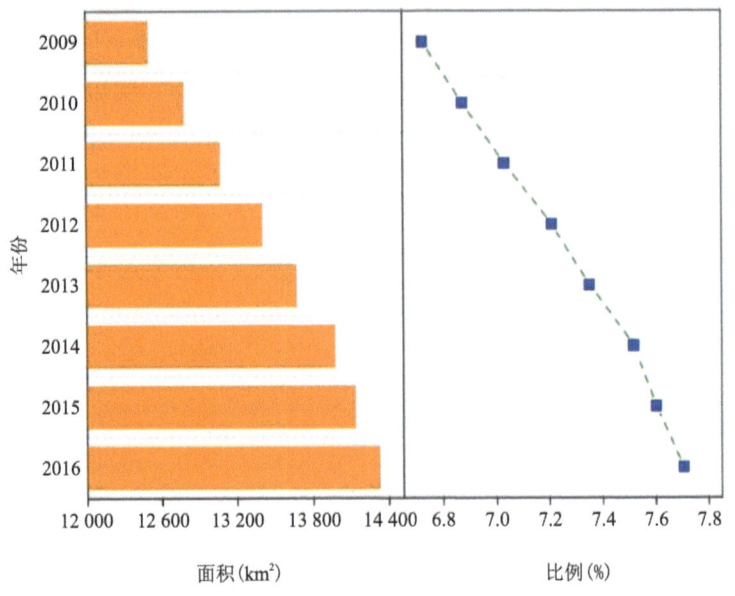

图 3-6　2009—2016 年湖北省建设用地变化特征

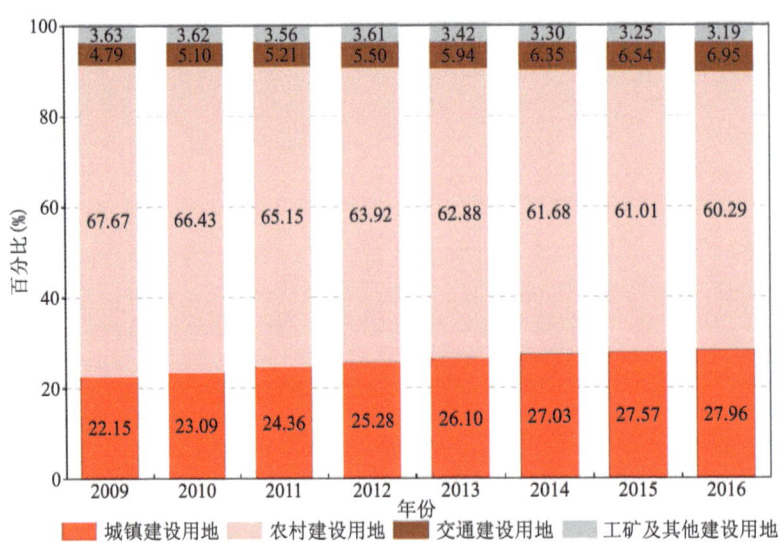

图 3-7　湖北省建设用地结构变化

从市级行政单元来看(表 3-4),湖北省 17 个单元的建设用地结构变化情况整体上都是城镇建设用地和交通建设用地的比例增加,农村建设用地和工矿及其他建设用地比例减少,但不同地区变化幅度不一致。其中城镇建设用地比例增加最明显的是鄂州市、咸宁市、仙桃市,增长幅度都超过了 8%,这几个地区位于武汉市周边,近年受武汉城市圈和武汉市的带动,经济增长较快,城市范围有了大幅度扩张。农村建设用地比例下降最快的地区是鄂州市、咸宁市、十堰市和神农架地区,其比例下降幅度在 10% 左右,这些地区近年通过执行建设用地"增减挂钩"政策,大力开展农村土地整治工作,将废弃、粗放利用的农村宅基地通过整理还原为耕地或置换为城镇建设用地。交通建设用地比例提升较高的地区是鄂州市、咸宁市、十堰市、宜昌市、襄阳市和神农架林区等,这些地区受湖北省长江经济带和汉江经济带发展战略的促进作用,大力实施交通设施等基础设施建设,保障经济的稳步快速增长,特别是神农架林区,由于前期区域发展比较落后,经过近年对旅游资源的开发,加大了基础设施建设,其交通建设用地比例提高了近10个百分点。各个地区的工矿及其他建设用地在比例基本上都保持稳中有降,其中黄石市、鄂州市和神农架林区下降幅度比较大,主要是黄石市、鄂州市等传统的矿业资源丰富地区近年受持续资源开采的影响已经出现资源枯竭现象,随着工矿废弃地的复垦和环境保护力度的加大,这些地区工矿用地比例逐渐降低。

表 3-4 湖北省建设用地面积结构变化情况

地区	2009 年	2016 年	变化情况			
	城镇∶农村∶交通∶工矿	城镇∶农村∶交通∶工矿	城镇	农村	交通	工矿
武汉市	47.73∶37.61∶9.40∶5.26	51.52∶32.60∶11.33∶4.55	3.79	−5.01	1.93	−0.71
黄石市	25.98∶50.00∶4.68∶19.34	33.12∶44.39∶6.95∶15.53	7.14	−5.60	2.27	−3.80
鄂州市	32.30∶53.65∶5.32∶8.73	40.95∶43.95∶8.38∶6.73	8.65	−9.70	3.06	−2.00
孝感市	18.44∶72.31∶4.68∶4.57	25.77∶63.80∶6.24∶4.20	7.33	−8.51	1.56	−0.38
黄冈市	15.24∶74.94∶4.54∶5.28	19.93∶69.15∶6.23∶4.68	4.69	−5.79	1.69	−0.60
咸宁市	31.66∶56.45∶6.30∶5.59	40.22∶46.20∶8.93∶4.65	8.56	−10.25	2.62	−0.94
仙桃市	18.54∶73.46∶5.74∶2.26	27.15∶64.25∶6.62∶1.98	8.61	−9.20	0.88	−0.29
潜江市	26.61∶64.19∶3.56∶5.64	32.29∶57.01∶5.43∶5.28	5.68	−7.18	1.86	−0.37
天门市	16.89∶75.90∶4.48∶2.74	20.66∶71.60∶5.31∶2.43	3.77	−4.29	0.84	−0.31
十堰市	20.50∶73.57∶2.76∶3.17	27.99∶62.27∶6.60∶3.14	7.49	−11.30	3.84	−0.03
宜昌市	24.21∶66.46∶3.67∶5.66	29.32∶59.16∶6.78∶4.74	5.11	−7.30	3.11	−0.92
襄阳市	18.00∶71.24∶5.34∶5.41	24.04∶63.02∶8.07∶4.87	6.03	−8.22	2.73	−0.54
荆门市	16.30∶73.43∶4.08∶6.19	21.51∶67.82∶4.74∶5.93	5.20	−5.61	0.66	−0.26
荆州市	17.52∶76.38∶2.52∶3.58	21.91∶69.89∶4.92∶3.27	4.39	−6.49	2.40	−0.31
随州市	15.53∶74.63∶5.54∶4.30	19.91∶68.81∶6.88∶4.40	4.38	−5.82	1.34	0.10
恩施州	9.30∶84.83∶2.29∶3.57	12.18∶80.25∶4.28∶3.29	2.87	−4.58	1.99	−0.28
神农架林区	16.86∶72.47∶0.37∶10.30	23.77∶57.90∶10.32∶8.01	6.92	−14.57	9.95	−2.29

3.3 隐性形态转型特征分析

3.3.1 建设用地经济效益

3.3.1.1 城镇建设用地经济效益

在城镇建设用地上居民所从事的经济活动主要是非农业的二三产业生产,因此本书研究城镇建设用地效益是通过单位城镇面积所产生的二三产业产值进行评价。由图3-8可以看出,湖北省二三产业产值在研究期间增长迅速,由2009年的11 165.2亿元增长到2016年的28 638.58亿元,增长了2.56倍。城镇建设用地效益变化和二三产业产值增长基本保持同步,在2009—2016年间也稳步提升,其每平方千米城镇建设用地所产出的二三产业产值由4.03亿元增长到7.15亿元,共增长了1.77倍,城镇建设用地效益年均增长0.46亿元/km^2。

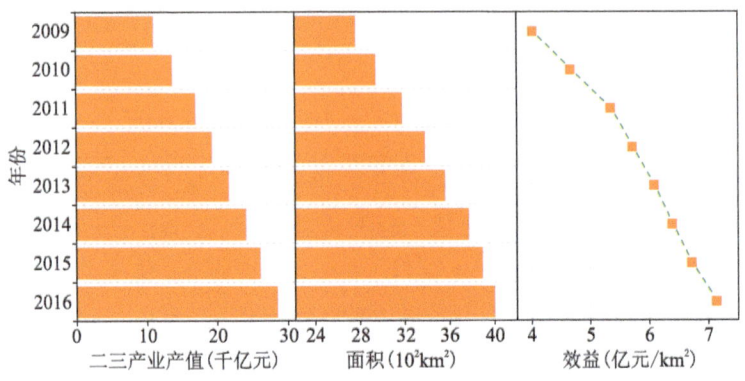

图3-8 湖北省城镇建设用地经济效益转型数量特征

根据湖北省乡镇尺度城镇建设用地效益数值分布特征,本书将城镇建设用地效益按照亿元/km^2单位划分为0～1、1～3、3～5、5～10和>10共5个级别。从图3-9可以看出,2009年湖北省城镇建设用地效益较高的地区主要分布在中西部的襄阳市、宜昌市以及东部的武汉市周边等地区,这些地区经济发展水平较湖北省其他地区高,工业生产和服务发展水平较高,因此单位面积的城镇建设用地效益普遍高于其他地区;较低的地区主要分布在西部的十堰市和恩施州部分地区,这些地区以山地为主,经济发展较为落后,城镇建设用地的效益也相对较低;中部的荆州市、荆门市、仙桃市、潜江市等地区是湖北省经济发展水平中等地区,其城镇建设用地效益水平也处于中游。2016年湖北省乡镇级城镇建设用地效益有明显的提升,原来处于中等水平的中东部乡镇大部分都进入了10亿元/km^2的高水平层次,西部低于1亿元/km^2的地区数量也明显减少。

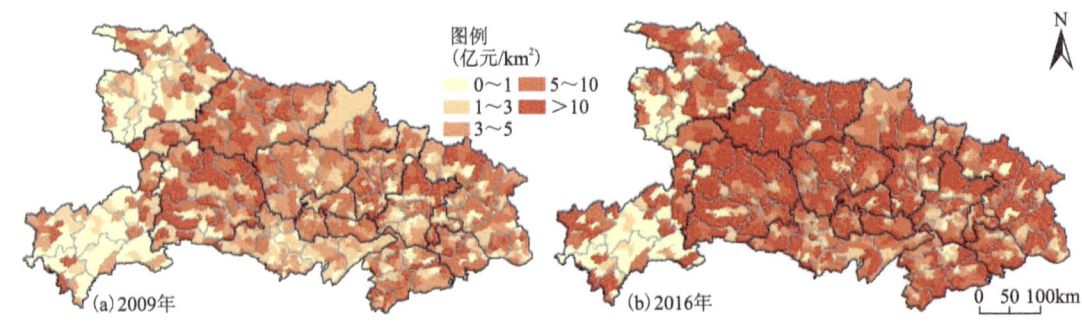

图3-9 湖北省城镇建设用地经济效益转型空间特征

从建设用地效益转型幅度来看(图3-10),2009—2016年间湖北省单位平方千米的建设用地效益在转型幅度普遍在0～50亿元之间。城镇建设用地转型幅度在8亿～50亿元/km^2较高水平的地区主要分布在中西部的襄阳市、宜昌市以及东部的武汉市和黄冈市北部地区;

转型幅度在 0~3 亿元/km² 和 3 亿~8 亿元/km² 的中低水平区域主要分布在中部的随州市、天门市、仙桃市、潜江市、咸宁市等地；在西部的十堰市、恩施州及东部的部分地区的城镇建设用地效益在 2009—2016 年间转型幅度出现了负值，表明这些地区的城镇建设用地在研究期间增长过快，土地利用效益有所降低。

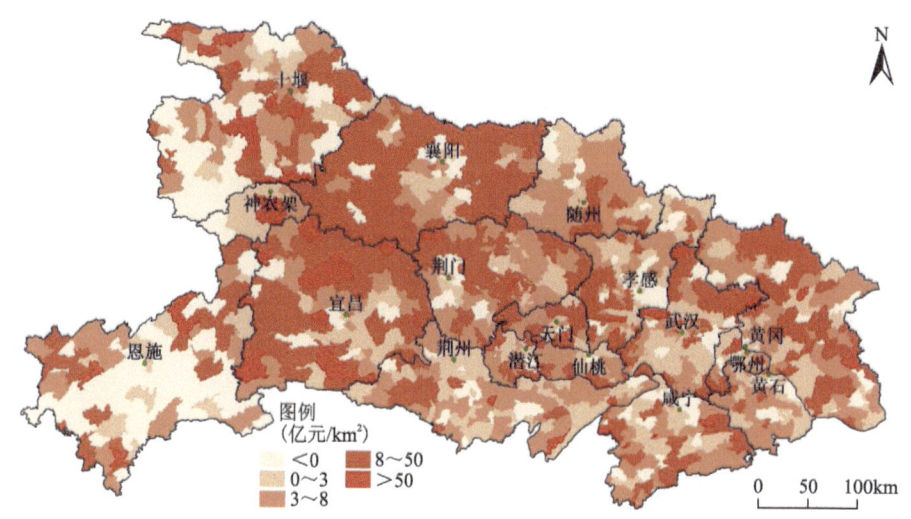

图 3-10 湖北省城镇建设用地经济效益转型幅度

3.3.1.2 农村建设用地经济效益

农村建设用地主要是从事农业生产的农民生活居住场所，而国民经济中第一产业主要是指农民所从事的农、林、牧、渔等行业，因此本书研究的农村建设用地的效益是用第一产业产值和农村建设用地的面积的比值表示。如图 3-11 所示，湖北省第一产业产值在 2009—2016 年间有稳定增长，由 2009 年的 1 795.9 亿元增长到 2016 年的 3 659.33 亿元，增长了 2.03 倍。在此期间，湖北省农村建设用地效益也保持持续增长态势，由 2009 年的 0.21 亿元/km² 增长到 2016 年的 0.42 亿元/km²，增长了 2 倍。从增长趋势来看，农村建设用地效益在 2009—2012 年增长较快，2012 年以后出现明显放缓迹象。

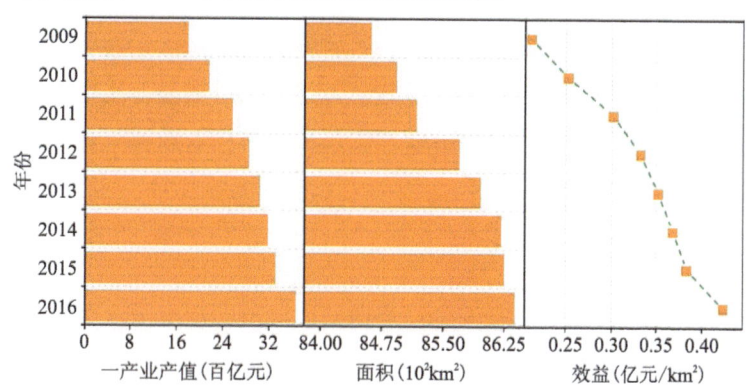

图 3-11 湖北省农村建设用地经济效益转型数量特征

湖北省乡镇尺度农村建设用地效益远小于城镇建设用地,普遍都在0.5亿元/km²以下,这主要是因为单位农业生产活动产值远低于非农业活动产值。根据湖北省农村建设用地效益数值分布特征,本书将城镇建设用地效益按照亿元/km²单位划分为0～0.10、0.10～0.15、0.15～0.20、0.20～0.30和＞0.30共5个级别。从图3-12可以看出,2009年农村建设用地效益较高的地区主要位于东部的武汉市及其周边地区,这些地区经济发展水平较发达,该地区农村接近武汉等大城市,为发展蔬菜、水果等经济作物提供了便利的区位优势,因而农村建设用地的效益也处于较高水平;中等水平地区主要分布在武汉城市圈的外围地区,如中部的潜江市、仙桃市以及西部的十堰市等地区,这些地区大多处于长江和汉江沿线的平原地区,是传统的农作物生产区,具有较高的农作物生产能力;水平较低的地区主要位于鄂西的十堰市及恩施州等地区,这些地区的地形以山地、丘陵为主,农业生产条件较差,且缺乏像东部地区一样规模的经济作物市场,因此农村建设用地的效益较低。2016年湖北省农村建设用地效益已经有普遍提升,中部和东部的大部分地区已经上升到0.3亿元/km²的较高水平,效益低于0.1亿元/km²的地区则分布在中部和西部的少部分区域。

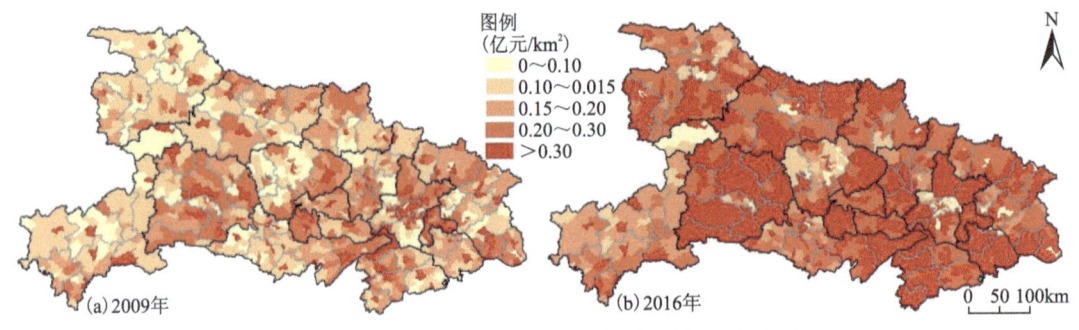

图3-12 湖北省农村建设用地经济效益转型空间特征

2009—2016年间,湖北省农村建设用地效益转型幅度相对较小,单位平方千米农村建设用地效益转型幅度大多处于0～0.3亿元。从图3-13可以看出,农村建设用地效益转型幅度大于0.3亿元/km²的地区主要集中在武汉市和宜昌市两市主城区的周边地区,武汉市和宜昌市是湖北省经济发展水平最高的两个地区,分别是湖北省省域的中心城市和副中心城市,其城市的发展对周边农村具有较强的带动作用,使周边地区农村建设用地效益提升较快;农村建设用地效益转型幅度处于0～0.1亿元/km²的较低水平地区主要分布在中部的荆门市、荆州市和西部的恩施州、神农架林区等区域,其中中部地区主要是传统的以水稻、油菜等粮食作物为主的农业生产区,农业生产较平稳,农村建设用地生产效益增长幅度不大,西部地区主要受地形限制,农业生产能力提升较低。

3.3.1.3 交通建设用地经济效益

交通基础设施作为一种社会先行资本是推动经济增长的重要先决条件,特别是在经济起飞时期,交通运输对经济的增长具有明显的推动作用(王瑞军,2013)。因此区域生产总值和交通建设用地面积的比值是衡量交通建设用地效益的重要指标。从图3-14可知,湖北省生产总值在研究期间增长较快,从2009年的12 961.1亿元增长到2016年的32 297.91亿元,

第 3 章 建设用地转型特征研究

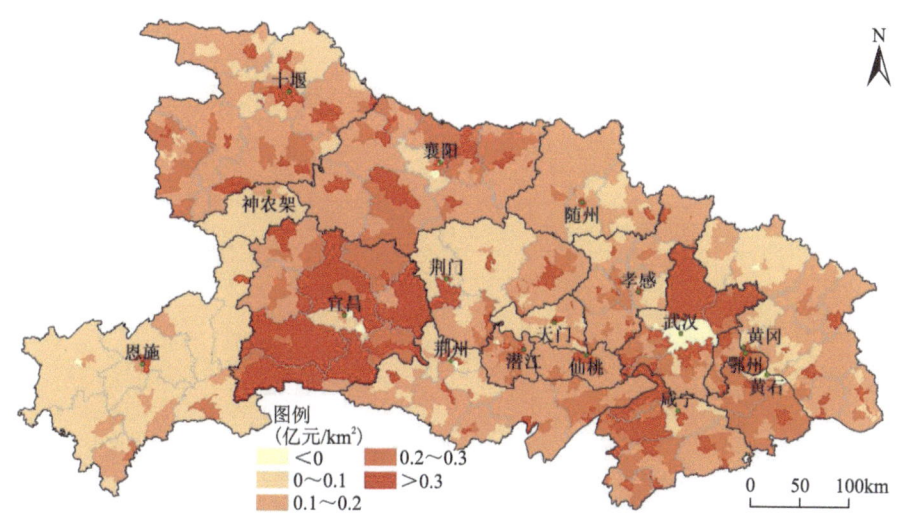

图 3-13 湖北省农村建设用地经济效益转型幅度

共增长了 2.49 倍。同时,交通建设用地的经济效益也保持了稳定的增长,由 2009 年的 21.66 亿元/km² 增长到 2016 年的 32.42 亿元/km²,增长了 1.5 倍。但交通运输用地效益在 2009—2011 年间增长较快,在 2012—2016 年间增长速率有明显放缓,这主要是因为 2012 年以后受国内外发展环境影响,经济下行压力不断加大,湖北省经济增长速率放缓,与此同时,为了不断推动经济持续发展,湖北省不断加大交通运输建设,交通建设用地持续保持快速增长,因此交通建设用地效益增长出现一定程度放缓。

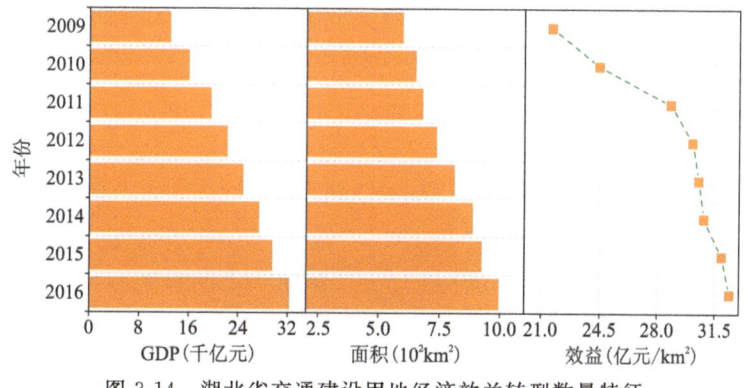

图 3-14 湖北省交通建设用地经济效益转型数量特征

本书根据乡镇尺度湖北省交通建设用地效益数值特征,将湖北省交通运输用地效益按照亿元/km² 单位划分为 0、0～5、5～20、20～100 和 >100 共 5 个级别,从图 3-15 可以看出,2009 年湖北省交通建设效益较高的地区主要位于鄂中南的荆州市、天门市、潜江市和鄂东的武汉市及周边地区,这些地区地势较为平坦,经济发展水平条件好,交通运输建设能取得较高的经济效益;在鄂西的十堰市、恩施州等地还存在大量的交通建设用地效益为 0 的地区,主要是这些地区基于第二次全国土地调查在 2009 年没有统计到交通运输用地,根据全国第二次土地调查规程,面状的交通运输用地只有道路宽度大于或等于 2m 时才会统计上图,鄂西这些为0的区域由于地形限制,交通运输发展较为落后,长期缺乏高等级道路,所以导致交通建设用地的缺失。2016年湖北省交通建设用地效益有明显提升,特别是西部的宜昌市、十堰市等很多地区的交通建设用地效益都跨入100亿元/km²以上的高水平,同时经济效益为0即没有统计到交通建设用地的区域也由2009年的358个乡镇下降到2016年的181个。

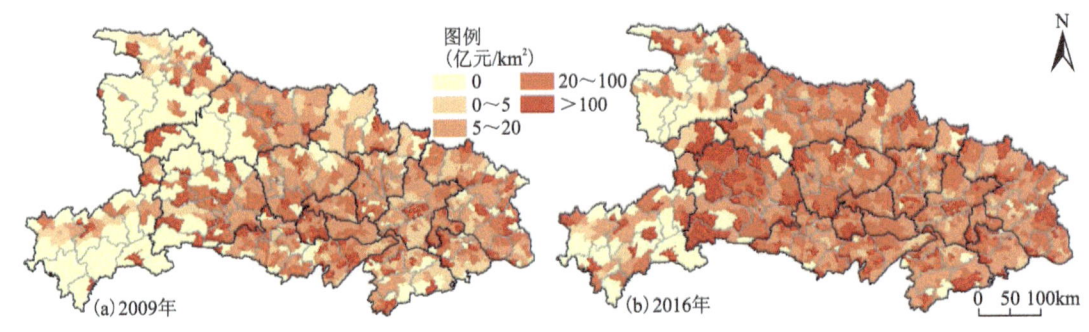

图 3-15　湖北省交通建设用地经济效益转型空间特征

2009—2016年湖北省交通建设用地效益普遍都有所提升,平均提升了41.8亿元/km²。从图3-16可以看出,交通建设用地效益提升超过100亿元/km²的高水平区域主要集中在鄂西的神农架林区、宜昌市等地区,这些地区长期由于地形限制经济发展比较落后,但是拥有丰富的旅游资源,随着近年对旅游资源的开发,大力发展旅游及相关服务业,其经济发展水平有了显著改善,交通运输对区域经济增长的带动作用也有了很大的提升;中部和东部地区大部分乡镇的交通建设用地效益普遍增长了5亿~100亿元/km²;同时在鄂西还存在很多交通建设用地效益小于0呈下降趋势的地区,主要是因为这些地区长期以来经济发展较为落后,虽然近年加大了对交通运输设施建设的投入,但其对经济发展的推动作用具有一定的时间滞后性,经济效益的提升应该会在今后一段时间内显现出来。

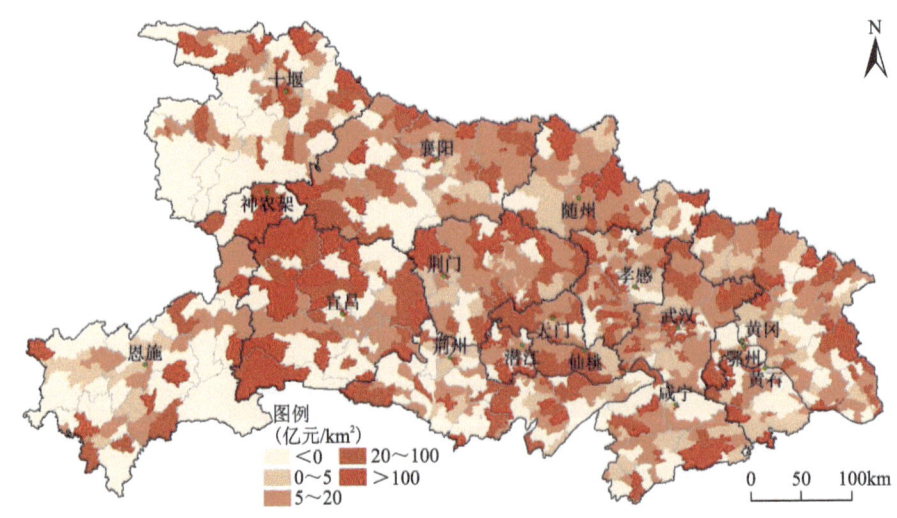

图 3-16　湖北省交通建设用地经济效益转型幅度

3.3.1.4 建设用地经济效益转型空间自相关分析

如图 3-17 所示,从局部空间自相关来看,城镇建设用地经济效益转型热点地区较少,主要分布在西部的宜昌市和十堰市部分地区,冷点地区分布较多,主要分布在襄阳市、荆门市以及咸宁市南部地区,这些地区建设用地经济效益增长幅度较低;农村建设用地经济效益转型热点地区分布较多,主要分布在十堰市、襄阳市、孝感市等地市的主城区附近,冷点地区集中在武汉市主城区小部分地区;交通建设用地经济效益转型热点地区主要分布在宜昌市部分地

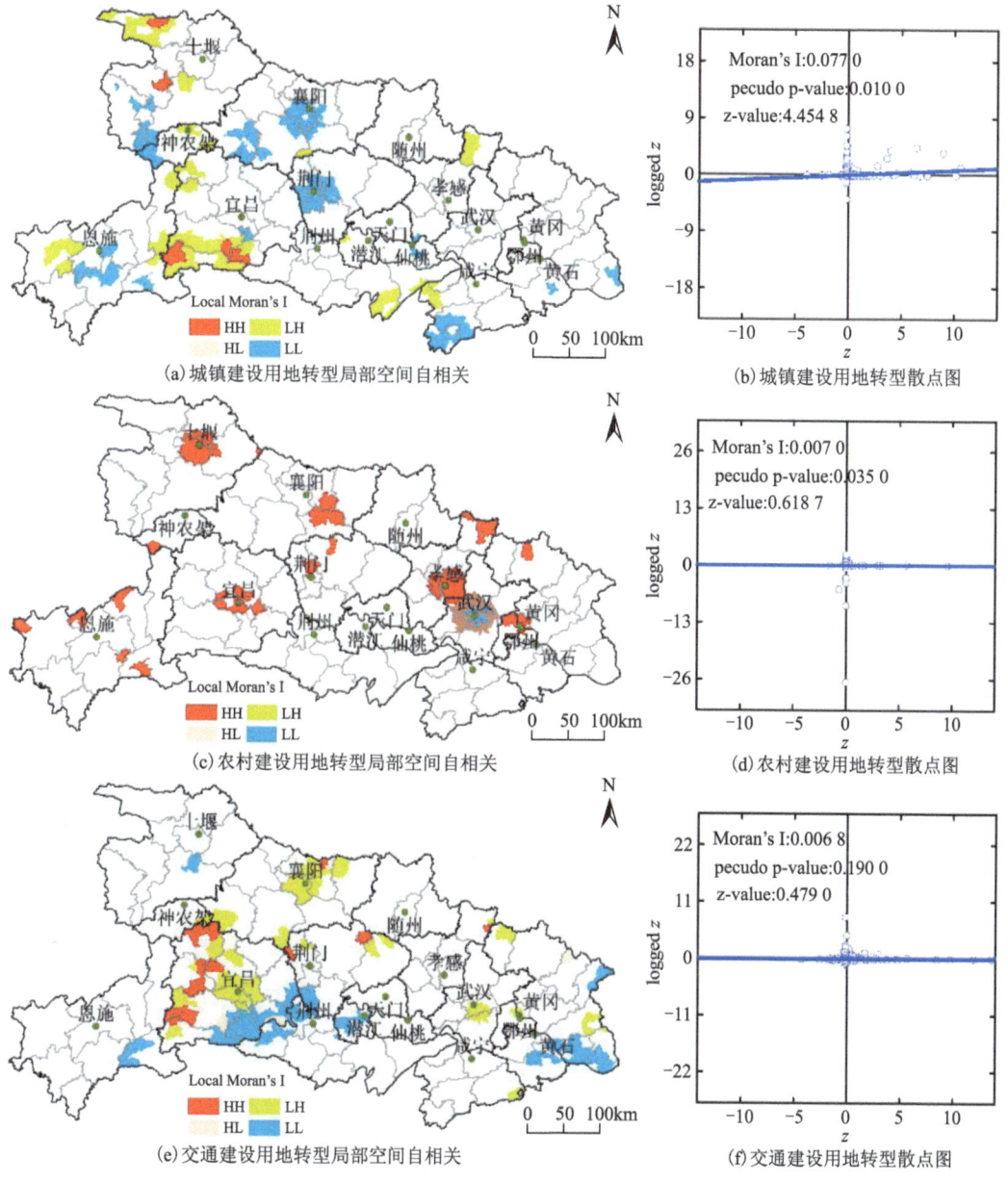

图 3-17　经济效益转型空间自相关分析

区,冷点地区则主要沿长江沿线部分地区呈条状分布。从空间自相关散点图看,农村建设用地和交通建设用地经济效益转型的 z 值均未跨过 1.65 的临界值,数据显著地表现出随机模式,而城镇建设用地经济效益转型通过显著性检验且 z 值较大,呈现显著的空间自相关性。

3.3.2 建设用地集约强度

人口数量是表征人类活动的重要指标,人口数量和土地利用之间关系的变化可以为研究中国这样一个人多地少的国家的土地利用转型情况提供一个基础的认知(Ge et al.,2018)。人均用地指标是反映建设用地集约利用强度的重要指标,是建设"资源节约型"社会的土地利用国家指导标准。国家在《城市用地分类与规划建设用地标准》(GB 50137—2011)和《镇规划标准》(GB 50188—2007)等城乡发展指导规划文件中都根据人均用地标准对建设用地利用和管控等提出指导标准。按照规定,湖北省人均城镇建设用地面积不超过 110m²、人均农村建设用地不超过 150m²。本书研究建设用地隐性形态的集约强度转型分别采用城镇人均建设用地、村庄人均建设用地和人均交通建设用地指标,对应的人口分别是区域城镇人口、农村人口和总人口。

3.3.2.1 城镇建设用地集约强度

从图 3-18 可以看出,湖北省城镇人口在 2009—2016 年都保持了稳定增长,由 2009 年的 2 631.2 万人增长到 2016 年的 3 419.19 万人,增长了 1.3 倍。人均城镇建设用地面积在 2009—2016 年间由 105m²/人增长到 117.18m²/人,并在 2013 年超过了国家规定的 110m²/人的控制线。从变化趋势看,湖北省人均城镇建设用地面积在 2009—2010 年间出现了下降,这主要是因为我国每年的人口数量主要是通过抽样调查后估算出来的,而在 2010 年进行了精确的第六次全国人口普查,其普查的湖北省 2010 年度城镇人口修正了以往抽样估算存在的偏差,较 2009 年有了较大幅度增长,因而人均城镇建设用地面积有了一定幅度的下降。2010—2014 年湖北省人均城镇建设用地增长较快,2014 年之后出现了明显放缓迹象,这与近年来湖北省严格执行城市边界红线、建设用地"人地挂钩"等管控政策有关,在一定程度上遏制了城镇建设用地粗放利用局面,城镇建设用地利用开始趋于集约。

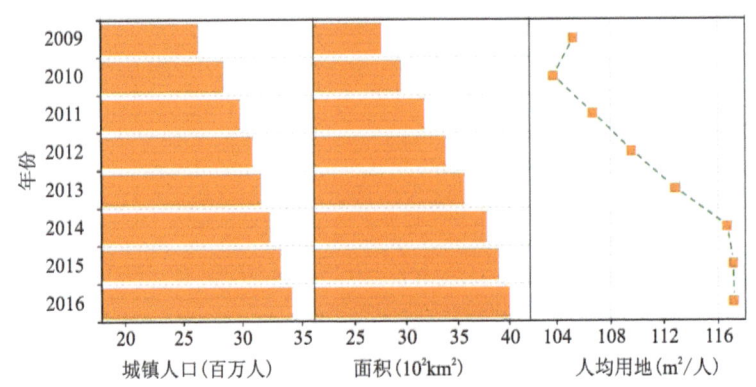

图 3-18 湖北省城镇建设用地集约强度转型数量特征

从乡镇尺度来看，2009 年湖北省人均城镇建设用地面积低于国家 110m²/人的地区为 804 个，占总评价单元的 64%。从空间分布来看（图 3-19），2009 年湖北省人均城镇建设用地面积超过 110m² 较高的地区主要分布在鄂中的随州、荆门、荆州一带以及鄂东的武汉市及周边地区，这些地区主要是湖北省经济发展水平较高地区，城市化发展较快，城镇建设用地经历了较快的扩张，城镇建设用地集约强度较低；人均城镇建设用地面积在 20m² 以下降低的地区主要分布在湖北省西部地区，这些地区经济发展相对落后，土地城镇化率较低，城镇建设用地集约强度较高。2016 年湖北省人均城镇建设用地面积普遍出现了降低，低于国家 110m²/人的地区增长到 895 个，占总评价单元的 71%。特别是中部很多 2009 年人均城镇建设用地面积较高地区到 2016 年普遍出现了降低，城镇建设用地集约强度增强。

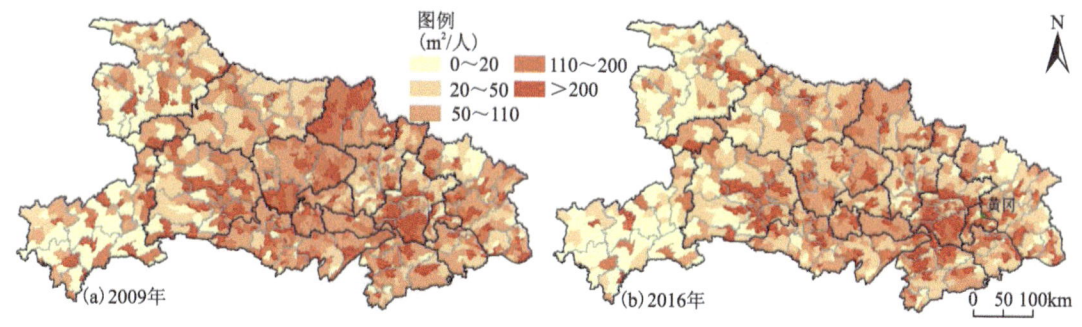

图 3-19　湖北省城镇建设用地集约强度转型空间特征

从湖北省城镇建设用地集约强度转型幅度空间分布看（图 3-20），湖北省大部分地区人均城镇建设用地面积在 2009—2016 年间出现了降低。城镇建设用地集约强度转型幅度小于或等于 0 的地区达到 920 个，占总评价单元的 73%。人均城镇建设用地面积降低的地区主要分布在湖北省中西部，特别是中部的随州、荆门和荆州一带降幅最大，这些地区近年城镇化水平显著提高，城镇人口明显增长，加之实行严格的耕地保护政策遏制了城镇建设用地的过快扩张，所以人均城镇建设用地面积有明显降低。人均城镇建设用地面积有明显增长的地区主要分布在鄂东的武汉市主城区周边以及鄂西的襄阳市、十堰市、宜昌市等城市主城区周边，这些地区大多位于经济发展较为发达的城市周边，受大城市经济发展的带动近年来经济发展水平提升很快，另外由于城市主城区土地使用成本增加，主城区很多产业开始向周边地区转移，致使周边地区的工业、商业等城镇建设用地快速扩张导致人均城镇建设用地面积有了显著增加。

3.3.2.2　农村建设用地集约强度

由于城镇化进程的快速推进，大量的人口从农村迁移到城市。从图 3-21 可以看出，湖北省农村人口在 2009—2016 年间出现了明显的下降，由 2009 年的 3 088.8 万人下降到 2016 年的 2 465.84 万人，下降了 20.2%。但与此同时，湖北省的农村建设用地面积却不降反增，由 2009 年的 8 461.75km² 增长到 8 636.16km²。因此，在 2009—2016 年间，湖北省人均农村建设用地有了明显的增长，由 273.95m² 增长到 350.31m²。从人均农村建设用地面积变化趋势来看，2009—2016 年间整体呈抛物线趋势，即其增长速率逐渐放缓，这可能与加大了对基本农

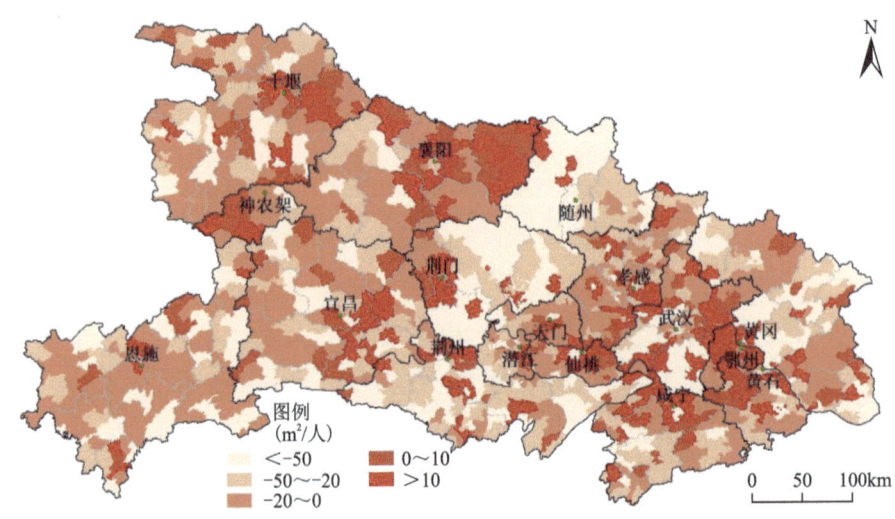

图 3-20　湖北省城镇建设用地集约强度转型幅度

田的保护和对农村宅基地的管控有关。在研究期间湖北省的人均农村建设用地面积都远超过《镇规划标准》(GB 50188—2007)指导的 150m² 的标准,农村建设用地利用粗放,是今后土地整理和建设用地转型结构调整的重点。

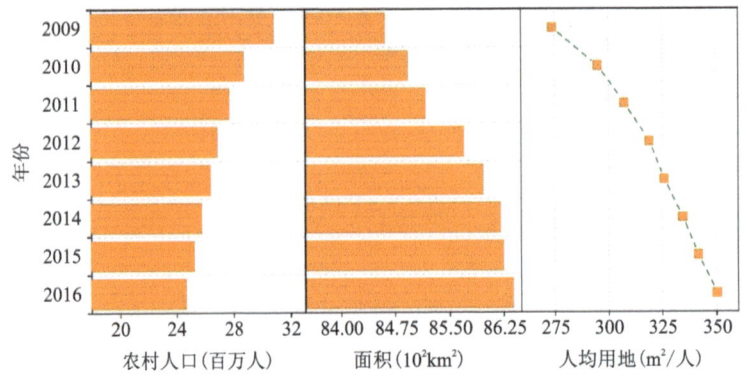

图 3-21　湖北省农村建设用地集约强度转型数量特征

根据 2009 年湖北省乡镇尺度人均农村建设用地面积分布特征,本书将湖北省人均农村建设用地面积按照亿元/km² 单位划分为 0～150、150～250、250～350、350～500 和＞500 共5 个级别(图 3-22)。2009 年湖北省人均农村建设用地面积低于 150m² 的乡镇只有 214 个,主要分布在东部地区各城市的主城区及其周边地区,这些地区主要城市化水平比较高,大量的农村建设用地被征收转为国有,现有的农村建设用地比重偏低,人均农村建设用地面积较低。人均农村建设用地面积在 150～250m² 较低水平的主要分布在鄂西的十堰市、恩施州和鄂东黄冈市、咸宁市等地,这些地区由于山地较多,受地形限制,农村建设用地开发难度较大,人均农村建设用地面积相对较低;人均农村建设用地面积在 350m² 及以上的高水平地区主要分布在鄂中的襄阳市、荆门市、荆州市一带,这些地区地势较为平坦,农村建设用地开发条件优越,农村居民大多占有较大的住宅,人均农村建设用地面积较大。2016年湖北省人均农村建设用地面积较2009年有了普遍增长,其中低于150m²国家控制线的乡镇下降到162个,中西部地区的人均农村建设用地面积普遍增长到350m²以上。

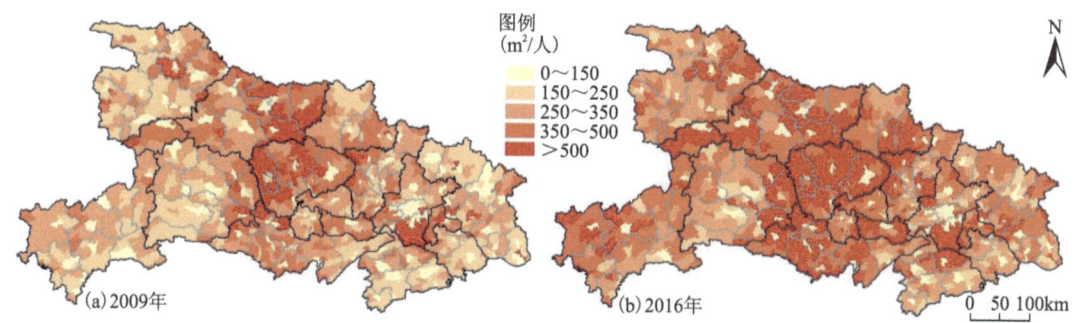

图3-22 湖北省农村建设用地集约强度转型空间特征

从2009—2016年湖北省农村建设用地集约强度转型幅度来看(图3-23),人均农村建设用地面积降低的地区只有47个,大部分地区都有较大幅度的增长。其中人均农村建设用地面积增长超过150m²及以上的地区主要分布在中部的荆门市、荆州市以及西部的恩施州、十堰市等地,这些地区过去农民人均收入相对较低,近年由于农民进城务工收入增加,很多农民在农村新建或扩建房屋得以改善生活,导致人均农村建设用地有较大幅度增长;人均农村建设用地面积增长在80m²以下较低的地区主要分布在鄂东的孝感市、武汉市、鄂州市和黄石市一带,这些地区是湖北省近年来人口城镇化水平提升较快的地区,随着农村人口比例的下降,人均农村建设用地面积有了一定的增长。

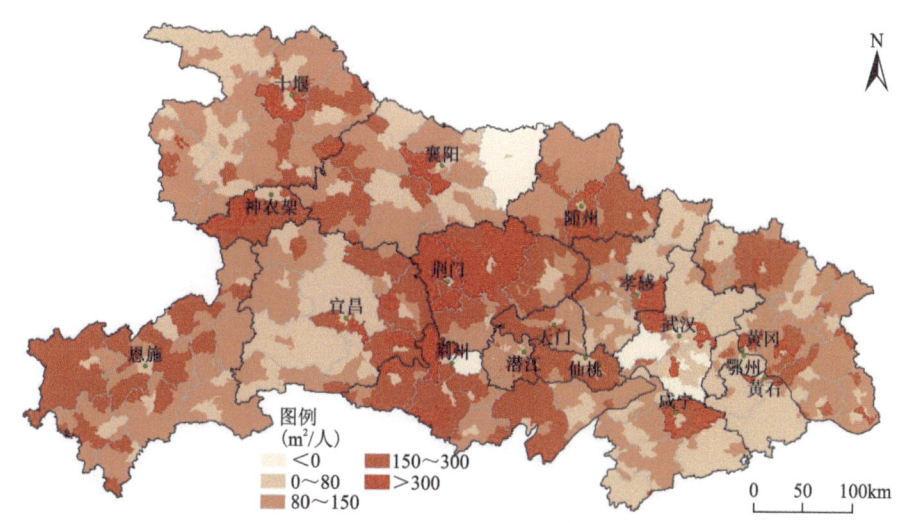

图3-23 湖北省农村建设用地集约强度转型幅度

3.3.2.3 交通建设用地集约强度

从图3-24可以看出,湖北省总人口和交通建设用地面积在2009—2016年间都有一定增长,其中总人口增长幅度不大,共增长了1.03倍,交通建设用地面积增长较快共增长了1.67倍。湖北省人均交通建设用地面积在2009—2016年间以较稳定的速度持续增长,由2009年的人均10.46m² 增长到2016年的16.93m²,增长了1.62倍。根据国土资源部公布的第二次全国土地调查成果数据,2009年全国人均交通建设用地面积为59.36m²。虽然湖北省人均交通建设用地面积保持了快速增长,但与全国水平对比,仍然明显偏低。因此,为了保持经济社会的持续快速发展,湖北省今后应当继续提高交通运输设施建设,改善区域发展区位条件。

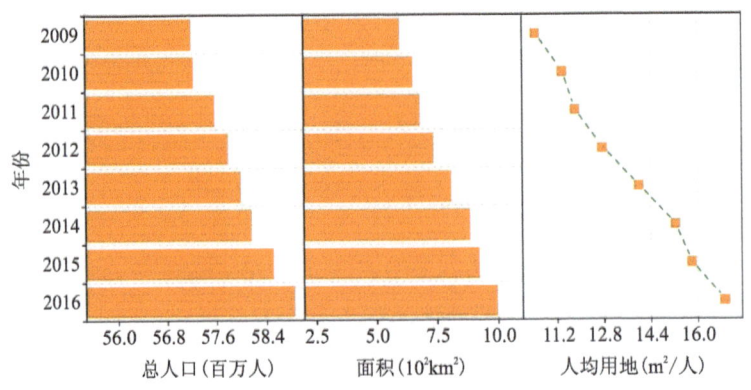

图3-24 湖北省交通建设用地集约强度转型数量特征

从乡镇尺度来看(图3-25),2009年湖北省西部的十堰市、恩施州和宜昌市等地仍有大量没有统计到的交通建设地用地地区,而人均交通建设用地面积低于10m²的较低水平地区达到795个,占总评价单元的62.8%。人均交通建设用地面积在20m²及以上的相对较高水平地区主要分布在鄂东的武汉及其周边和中西部的汉江流域沿线及仙桃市、荆州市、宜昌市一带,这些地区是湖北省发展战略在"两圈两带"中长江经济带和汉江经济带的核心地区,对其他地区的发展具有较强的串联和带动作用,因此交通建设强度较大,人均交通建设用地面积水平较高。和2009年相比,湖北省大部分地区的2016年人均交通建设用地面积有了明显的增长。特别是东部和中部的大部分地区增长较明显,人均交通建设用地面积大于20m²的较高地区也由2009年的274个乡镇增长到2016年的454个,西部地区人均交通建设用地面积为0的乡镇也大幅度减少。

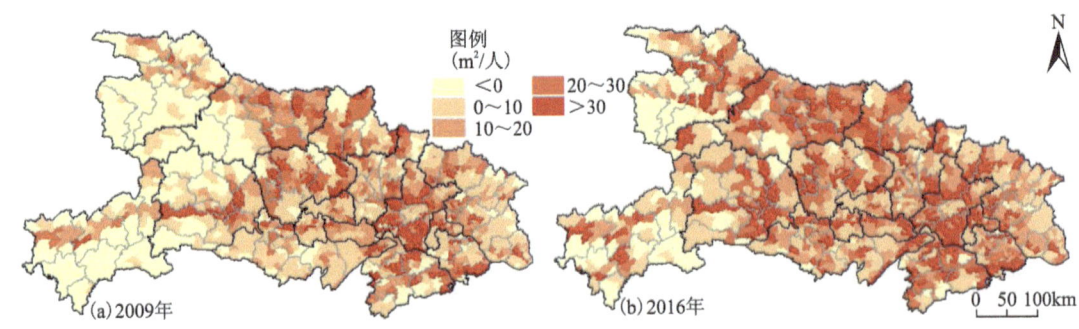

图3-25 湖北省交通建设用地集约强度转型空间特征

从湖北省 2009—2016 年交通建设用地集约强度转型幅度来看(图 3-26),湖北省大部分乡镇的人均交通建设用地面积都有了一定的增长。其中增长幅度超过 $10m^2$ 及以上的地区主要分布在西部的十堰市、襄阳市和宜昌市以及东部的武汉市的周边地区,这些地区位于湖北省发展的"一主两副"的武汉市、襄阳市和宜昌市中心地区及周边,这些地区是湖北省区域发展的中心地带,近年来对交通等基础设施的投入较大,人均交通建设用地面积有了较大幅度增长。2009—2016 年间,湖北省还有 346 个乡镇人均交通建设用地面积增长情况小于或等于 0,这些地区主要分布在西部的十堰市、恩施州等地,这些地区地理位置相对偏远,交通运输设施建设相对滞后,近年来由于人口增长,人均交通建设用地面积有一定程度下降。

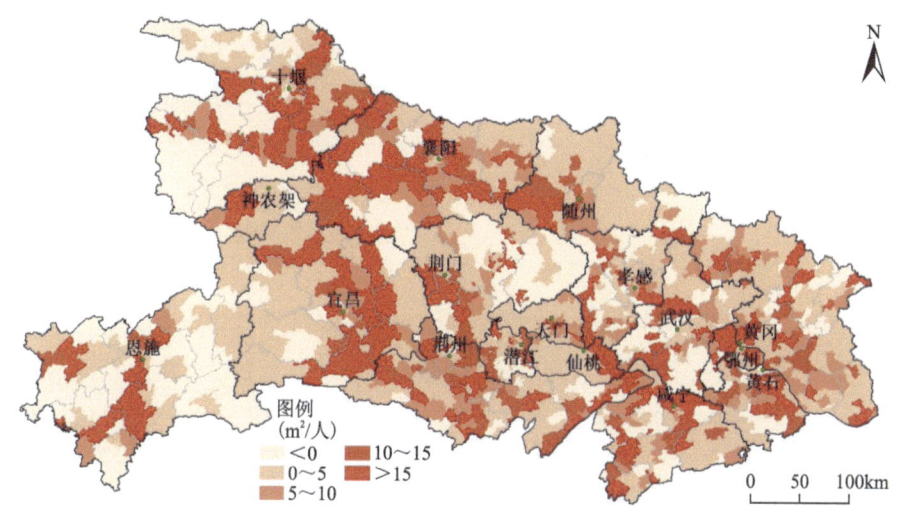

图 3-26 湖北省交通建设用地集约强度转型幅度

3.3.2.4 建设用地集约强度转型空间自相关分析

如图 3-27 所示,从局部空间自相关来看,城镇建设用地集约强度转型热点主要分布在天门市、咸宁市、鄂州市和黄石市的长江沿线一带及西部的十堰市、襄阳市、荆门市主城区等部分地区,冷点地区分布较散,主要分布在中部的荆门市、荆州市和随州市部分地区;农村建设用地集约强度转型热点地区分布较少,主要分布在荆门市和襄阳市、十堰市的主城区附近,冷点地区分布较广,主要分布在东部的武汉市、孝感市、黄石市和西部的襄阳市北部等地区;交通建设用地集约强度转型热点地区主要分布在宜昌市和鄂州市的部分地区,冷点地区则零散分布在武汉市、孝感市和十堰市部分地区。从空间自相关散点图看,城镇建设用地、农村建设用地和交通建设用地集约强度转型统计上均在 95% 以上显著且 Z 值均超过 1.65 的临界值,Moran's I 值虽然较小,但都呈现显著的空间自相关性。

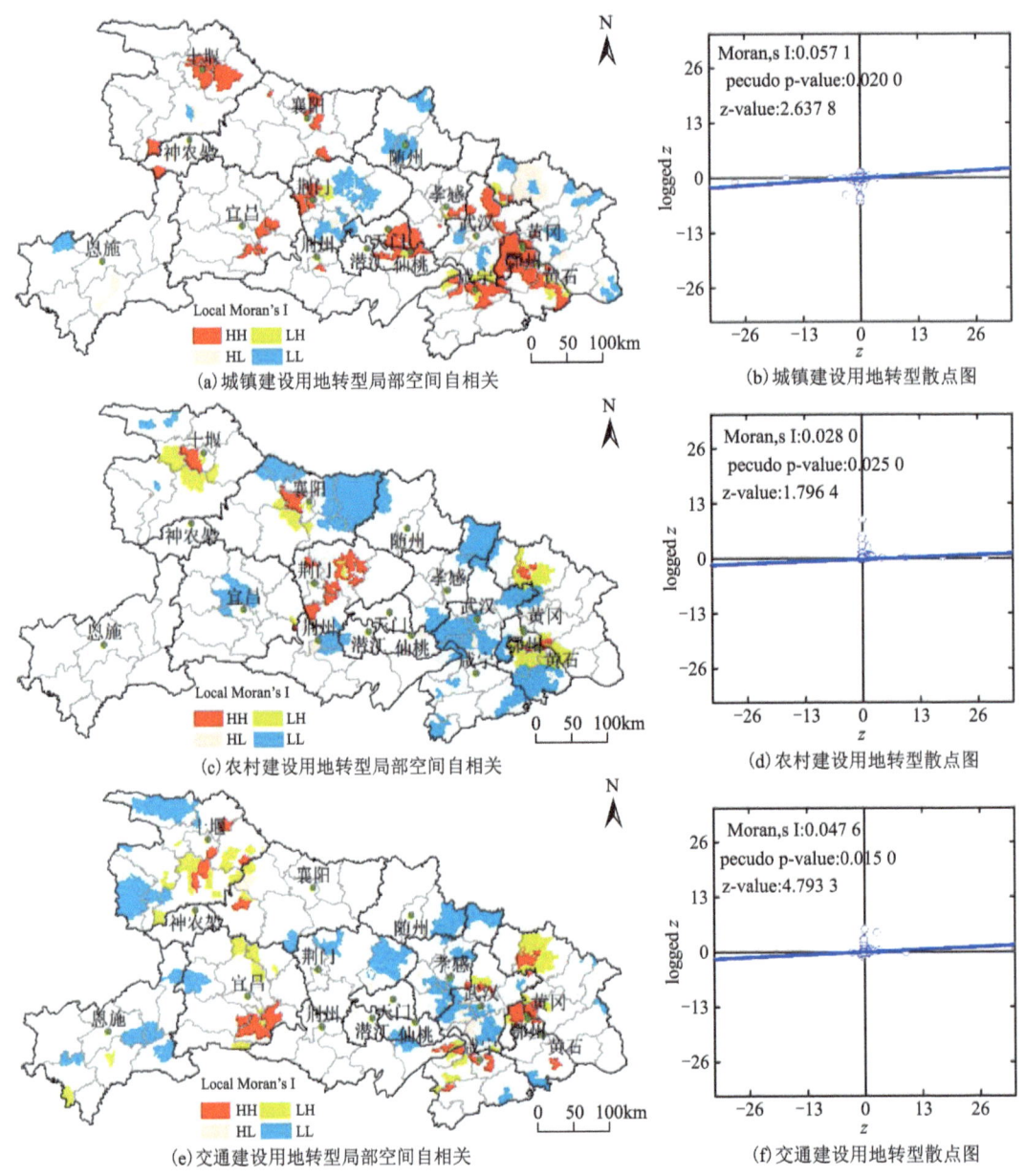

图 3-27 集约强度转型空间自相关性分析

3.4 本章小结

本章结合第 1 章国内外建设用地转型研究进展的梳理总结、第 2 章对建设用地转型的基本概念和理论内涵的提炼与研究,从建设用地的形态视角研究湖北省建设用地转型特征,分析整体及不同类型建设用地的显性和隐性形态的各要素的时序变化趋势与空间分布演化格局。在此基础上,通过对研究期间内城乡建设用地形态转换特征的刻画,分析了城乡建设用地的时空分异特征及区域差异程度。研究内容主要涉及城乡建设用地显性形态的数量、结构的转化情况,隐性形态的经济效益和集约强度转型情况等,主要内容及结论如下:

(1) 从建设用地数量形态转型特征来看,湖北省建设用地的数量形态在2009—2016年间有了较大幅度的增长,其中城镇建设用地数量形态增长最多,达到1 236.17 km²,交通建设用地数量形态增长最快,增长比例达到66.5%,农村建设用地数量形态保持小幅稳定增长,工矿及其他建设用地数量形态则是先增长后下降,整体上有小幅增长。各类建设用地数量增长的来源主要是占用耕地、林地等农用地和生态用地,建设用地内部转换比例较低。从建设用地空间分布转型特征来看,城镇建设用地面积增长较大的区域主要分布在以武汉市为中心的东部地区和中西部的宜昌、襄阳、十堰的主城区,农村建设用地增长较大的地区主要位于东部以及中西部的襄阳、荆门、宜昌等地,而位于江汉平原的天门、潜江和仙桃等地区,农村建设用地面积则出现了降低,交通建设用地的增长呈明显的环带特征,即交通建设用地增长幅度较大的地区整体上沿长江环线和汉江环线分布,工矿及其他建设用地大部分地区都没有明显的变化,黄石等湖北省传统的工矿资源优势地区该地类的面积则出现了明显的减少。从数量转型的空间非均衡性来看,工矿及其他建设用地数量形态变化的非均衡性程度最大,农村建设用地次之,城镇建设用地较小,交通建设用地最小,各类建设用地数量形态转型在空间上都表现出显著的空间自相关性。

(2) 湖北省建设用地2009—2016年间在结构的主要转型特征是城镇建设用地和交通建设用地的比重不断增加,农村建设用地和工矿及其他建设用地的比重不断下降。农村建设用地、城镇建设用地、交通建设用地和工矿及其他建设用地在湖北省建设用地结构形态由2009年的67.67∶22.15∶4.79∶3.63转换为2016年的60.29∶27.96∶6.95∶3.19。其中,城镇建设用地比例增加最明显的是鄂州市、咸宁市、仙桃市,农村建设用地比例下降最快的地区是鄂州市、咸宁市、十堰市和神农架林区,交通建设用地比例提升较高的地区是鄂州市、咸宁市、十堰市、宜昌市、襄阳市和神农架林区等,黄石市、鄂州市和神农架林区的工矿及其他建设用地比例下降幅度比较大。

(3) 湖北省各类建设用地的经济效益形态在2009—2016年间都有明显的提高。其中各类建设用地经济效益形态转型特征是:城镇建设用地经济效益由每平方千米24.03亿元增长到7.15亿元,增长了1.77倍,增长幅度较高的地区主要分布在中西部的襄阳、宜昌市以及东部的武汉市周边等地区,西部的十堰市和恩施州部分地区增长幅度较低;农村建设用地由2009年的0.21亿元/km²增长到2016年的0.42亿元/km²,增长了2倍,增长幅度较大的地区主要集中在武汉市和宜昌市两个城市主城区的周边地区,较低的地区分布在中部的荆门市、荆州市和西部的恩施州、神农架林区等区域;交通建设用地的经济效益由2009年的21.66亿元/km²增长到2016年的32.42亿元/km²,增长了1.5倍,西部的神农架林区、宜昌市等地区增长幅度较大,中部和东部地区的大部分乡镇普遍增长了5亿~100亿元/km²。农村建设用地和交通建设用地经济效益转型空间分布表现出随机模式,而城镇建设用地经济效益转型呈现显著的空间自相关性。

(4) 通过人均用地面积指标测度的湖北省建设用地集约强度形态主要转型特征是各类建设用地的集约利用强度都有所降低,具体表现为:湖北省人均城镇建设用地面积在2009—

2016 年间由 105m²/人增长到超过国家标准的 117.18m²/人,城镇建设用地集约强度形态由较为集约状态变为较为粗放状态,在县域尺度上,人均城镇建设用地面积降低的地区主要分布在湖北省中西部,特别是中部的随州、荆门和荆州一带降幅最大,有明显增长的地区主要分布在鄂东的武汉市主城区周边以及鄂西的襄阳市、十堰市、宜昌市等城市主城区周边;人均农村建设用地由 273.95m² 增长到 350.31m²,均高于国家 150m² 的指导线,集约强度形态转型特征是粗放利用状态持续加重,人均农村建设用地面积增长幅度较大的地区主要分布在中部的荆门市、荆州市以及西部的恩施州、十堰市等地,较低的地区主要分布在鄂东的孝感市、武汉市、鄂州市和黄石市一带;人均交通建设用地面积由 2009 年的人均 10.46m² 增长到 2016 年的 16.93m²,集约强度状态虽有所降低,但和同期全国平均水平相比仍处于较高的集约水平,增长幅度较大的地区主要分布在湖北省发展的"一主两副"的武汉市、襄阳市和宜昌市中心地区及周边,西部的十堰市、恩施州等地部分地区的增长幅度小于 0 甚至为负数。各类建设用地集约强度转型在空间分布上均呈现显著的空间自相关性。

第4章 建设用地转型与农业转移人口及经济发展的脱钩关系研究

4.1 研究思路与方法

4.1.1 研究思路

建设用地转型是在社会经济发展转型的基础上实现的,与区域的社会经济发展具有显而易见的紧密相关关系。建设用地转型与社会经济发展的耦合关系主要体现在建设用地与区域经济发展的关系,与城镇化、城乡转型、人口结构和经济增长等方面。区域建设用地扩张在对产业经济发展具有重要贡献的同时,其变化也对不同阶段产生差别化的响应。同时,不同的社会经济发展要素的转型对建设用地的作用体现在用地类型上表现不同,不同的建设用地类型对不同的社会经济发展要素的响应和耦合程度也不相同。人口迁移理论认为,随着城镇化发展,大量农村人口迁入城镇,城镇建设用地规模不断扩大,农村建设用地特别是农村居民点用地理论上有减少的趋势。同时由于经济发展水平的提高,交通建设用地规模和质量应该稳步增长和提升。为了更好地研究建设用地转型的机理和特征,仅仅关注建设用地与经济增长的关联已经不够,在此基础上,定量分析典型的建设用地类型与农业转移人口和经济增长之间的耦合及互动关系需要深入的探索。

关于快速城镇化进程中的建设用地转型与农业转移人口及经济发展的基本认识有以下几点:①城镇化进程中城镇人口的增长是城镇化发展的必然过程和客观需要,只要在城镇资源承载能力的范围内即认为是合理的;②农村人口向城镇转移需要以城镇建设用地资源作为支撑,城镇建设用地面积的增长在一定程度上是必要的,但其增长不能过度、过快,否则会使土地利用效率降低并威胁耕地数量的安全;③随着农业人口的迁出导致农村人口的减少是必然的,在此过程中农村建设用地面积理应随着农村农业人口的转出而减少,或复垦为耕地,或转变为城镇建设用地;④交通建设用地面积的增长会促进区域经济的发展,经济的发展又会增加对交通用地的需求,交通建设用地面积增长和经济发展应保持同步进行。

鉴于以上认识,本书选取建设用地转型中的城镇建设用地转型、农村建设用地转型、交通建设用地转型和经济社会发展中的城镇吸纳农业转移人口、农村转出农业人口、经济增长等要素,拟借助脱钩的理论与方法探讨建设用地转型与农业转移人口及经济增长等城乡系统内多要素之间的脱钩关系。

本书对 2009—2016 年建设用地转型和社会经济发展的耦合关系进行了研究,选取 2009—2013 年和 2013—2016 年两个时间段的耦合关系进行了对比分析,并分析了两个时间段之间各类脱钩关系的转变关系及特征,以期为今后的土地利用管理和调控提供决策信息。具体研究框架如图 4-1 所示:

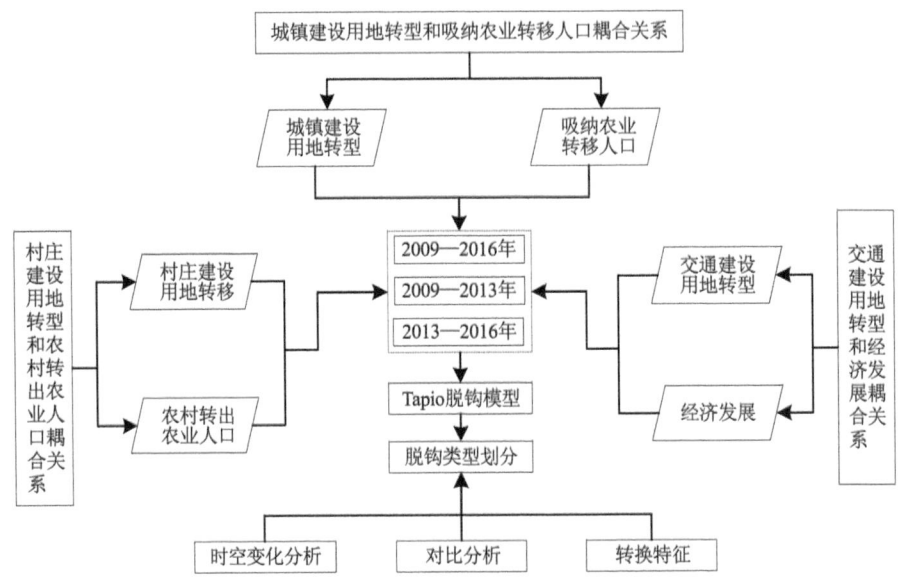

图 4-1 建设用地转型与农业转移人口及经济增长脱钩研究框架

4.1.2 研究方法

4.1.2.1 城乡转移人口估算方法

我国区域人口增长的来源主要有 3 个方面:自然增长、人口迁移和行政区划变更(王桂新等,2014)。而随着城镇化的加速发展,人口迁移已经成为区域人口特别是城镇人口增长的最主要因素(Chan,1994)。中国人口迁移的最主要方向是农村人口向城市的迁移(朱宇等,2016),而城镇和农村内部的人口迁移比重很小,本书暂时不予考虑。通过查阅相关资料,湖北省县级行政区划在 2009—2016 年研究期间内没有发生调整改变,因此我们认为农业人口转移和人口自然增长是导致湖北省城乡人口变化的主要原因。由于我国关于人口自然增长官方公布的统计指标只有总人口的自然增长率,没有分别对城镇人口自然增长和农村人口自然增长进行分别统计,因此本书采用总人口自然增长率代表城镇人口和农村人口的自然增长情况。城镇吸纳农业转移人口和农村转出农业人口计算公式如下:

$$P_{um} = P_{un} - P_{u0} - P_{un} \times \left[\prod_{1}^{n}(1+r_i)-1 \right] \quad (4-1)$$

$$P_{rm} = P_{r0} + P_{rn} \times \left[\prod_{1}^{n}(1+r_i)-1 \right] - P_{rn} \quad (4-2)$$

式中:P_{um} 和 P_{rm} 分别是城镇吸纳的农业转移人口和农村转出的农业人口;P_{un} 和 P_{u0} 分别是第 n 年和基准年的城镇人口;P_{rn} 和 P_{r0} 分别是第 n 年和基准年的农村人口;n 是研究期间年份数

量；r_i 是第 i 年人口自然增长率。

4.1.2.2 Tapio 脱钩模型

本章节运用脱钩理论研究建设用地转型与农业转移人口及经济增长的脱钩关系。为了确定脱钩的类型和状态，本书采用的是 Tapio 脱钩模型(Tapio,2005)，该模型可以利用脱钩系数进行定量表述。由于农村转出农业人口直接导致了农村人口的减少，为了匹配"农村建设用地理应随着农村人口减少而减少"的认知，本书在进行农村转出农业人口和农村建设用地转型的脱钩关系分析时，采用的是农村转出农业人口的负值。具体计算公式如下：

$$\alpha_u = \frac{P_{un}/P_{u0}}{(A_{un}-A_{u0})/A_{u0}} \tag{4-3}$$

$$\alpha_r = \frac{0-P_{rn}/P_{r0}}{(A_{rn}-A_{r0})/A_{r0}} \tag{4-4}$$

$$\alpha_t = \frac{(E_n-E_0)/E_0}{(A_{tn}-A_{t0})/A_{t0}} \tag{4-5}$$

式中：α_u、α_r 和 α_t 分别是城镇吸纳农业转移人口和城镇建设用地转型、农村转出农业人口、农村建设用地转型、经济发展和交通建设用地转型的脱钩系数；A_{un} 和 A_{u0}、A_{rn} 和 A_{r0}、A_{tn} 和 A_{t0} 分别是结束年和基准年城镇建设用地、农村建设用地和交通建设用地的面积；E_n 和 E_0 分别是起始年和结束年研究地区的 GDP。

4.2 城镇建设用地转型与吸纳农业转移人口的脱钩关系

4.2.1 城镇吸纳农业转移人口情况

根据湖北省 2017 年统计年鉴数据显示（表 4-1），湖北省城镇人口由 2009 年的 2 631.2 万人增长到 2016 年的 3 419.19 万人，增长了 1.3 倍。人口自然增长率在 2009—2016 年保持在 3‰~5‰ 之间。根据农业人口转移模型估算，2009—2016 年湖北省城市保持着较强的农业转移人口吸纳能力，年均吸纳农业转移人口达到 98 万人，研究期间共吸纳农业转移人口 686.05 万人，共占湖北省城镇人口增长数量的 87.06%。大量的农业人口向城市转移有力地促进了区域城镇化的发展，是城乡经济发展转型和土地利用转型的主要驱动力。

表 4-1 湖北省 2009—2016 年城市吸纳农业转移人口

年份	城镇人口（万人）	人口自然增长率（‰）	吸纳农业转移人口（万人）	
			年度数量	累计
2009	2 631.20	3.48		
2010	2 844.51	4.34	201.89	201.89
2011	2 984.32	4.38	127.35	329.24
2012	3 091.77	4.88	92.89	422.13

续表 4-1

年份	城镇人口(万人)	人口自然增长率(‰)	吸纳农业转移人口(万人)	
			年度数量	累计
2013	3 161.03	4.93	54.02	476.15
2014	3 237.80	4.90	61.28	537.43
2015	3 326.58	4.91	72.88	610.31
2016	3 419.19	5.07	75.74	686.05

湖北省县级行政单元在2009—2016年普遍经历了快速城镇化发展进程,吸引了大量的农业人口迁移到城市。各县级单元平均吸纳农业转移人口数量为12.78万人。各县级单元中吸引农业转移人口最多的是武汉市主城区,达到75.34万人,是排名第二襄阳主城区35.73万人的1倍以上。武汉市作为湖北省的省会,也是湖北省唯一一个人口过千万的超大城市,其经济发展和城市建设水平远高于湖北省其他地区,其主城区吸纳的农业转移人口占湖北省总吸纳的农业转移人口的十分之一以上。枣阳市是湖北省87个县级评价单元里在2009—2016年间唯一一个吸纳农业转移人口数量为负的地区,吸纳农业转移人口数量为-0.9万人,枣阳市户籍人口长期都保持在110万人以上,是湖北省排名靠前和襄阳市排名第一的人口大县,但近年来受邻近襄阳市区和武汉市快速发展的影响,出现了大量外出务工人口,枣阳市常住人口呈减少趋势,城镇人口也保持较低增长水平。

城市吸纳农业转移人口数量分布来看[图 4-2(a)],湖北省东部地区城市吸纳农业转移人口数量明显高于西部地区。吸纳农业转移人口数量较多的地区主要位于中东部的随州市、潜江市、仙桃市、武汉市等地区以及西部的襄阳市、十堰市、宜昌市和恩施州等城市的主城区,这些地区经济发展水平较高,城镇化发展进程较快,对农业转移人口具有较强的吸引力。吸纳农业转移人口数量较低的地区主要位于汉江上游地区和西部的十堰市、宜昌市、恩施州和神农架林区的一些较偏远的地区,这些地区由于受到区位条件限制和生态保护政策影响,经济发展较为落后,吸纳的农业转移人口数量的相对较低。吸纳农业转移人口比例的空间分布则和吸纳农业转移人口数量具有一定相反特征[图 4-2(b)],西部多数地区吸纳农业转移人口比例相对较高,而东部很多地区则较低。这主要是因为西部很多地区城镇化水平相对较低,城镇人口数量较少,吸纳的农业转移人口能占到较大比例,而东部很多地区城镇化水平相对较高,城镇人口数量大,虽然吸纳了较多的农业转移人口,但其所占比例较低。

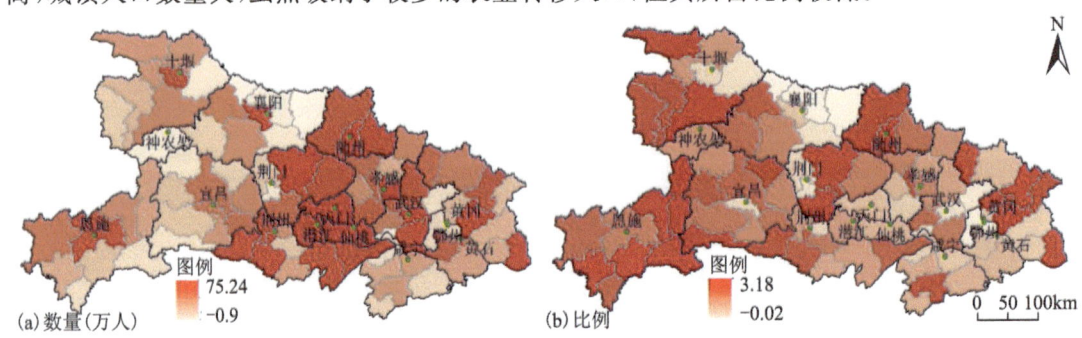

图 4-2 湖北省2009—2016年城市吸纳农业转移人口

4.2.2 城镇建设用地转型与吸纳农业转移人口脱钩关系

4.2.2.1 省域脱钩情况

2009—2016年湖北省城市共吸纳农业转移人口686.05万人，占2009年城镇人口的26%，城镇建设用地面积共增长了1 236.17 km²，增长率为44.62%。2009—2016年湖北省城镇吸纳农业转移人口和城镇建设用地转型之间的脱钩系数为0.595 2，属于弱脱钩类型，即城镇建设用地增长速度大于吸纳农业转移人口的速度，城镇建设用地增长过快。

从变化趋势来看（图4-3），2009—2016年湖北省吸纳农业转移人口和城镇建设用地转型之间的脱钩系数呈"U"形变化趋势，由2009—2010年的1.167 5，即吸纳农业转移人口速度大于城镇建设用地面积扩张速度，之后开始低于1并逐渐降低到2013—2014年的0.328 3，2014年之后又开始逐渐升高，到2015—2016年升高到0.811 3。从变化趋势可以看出，在2009—2016年间，湖北省经历了城镇建设用地过快增长并明显快于吸纳农业转移人口的增长速度，到2014年之后，吸纳农业转移人口的速度开始加快，与城镇建设用地扩张速度的差距开始逐渐缩小。但整体来看，除了2009—2010年脱钩系数大于1外，其他时间都小于1，属于弱脱钩类型，即城镇建设用地扩张速度大于城镇吸纳农业转移人口速度，城镇建设用地面积过快扩张。

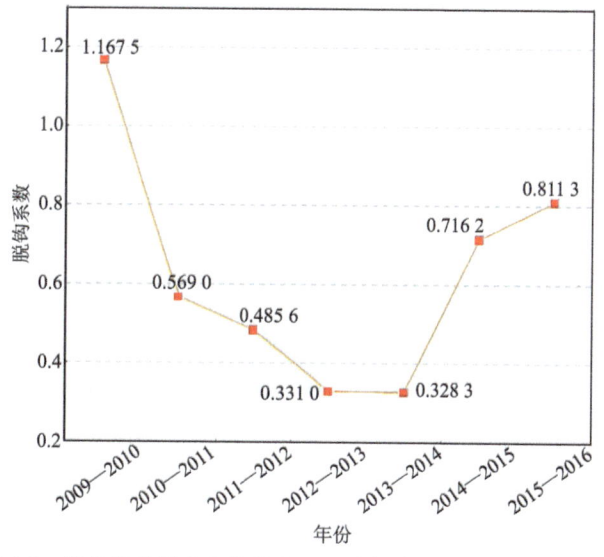

图4-3 湖北省吸纳农业转移人口和城镇建设用地转型脱钩系数

4.2.2.2 县域脱钩情况

1）2009—2016年脱钩关系

2009—2016年间湖北省87个县级评价单元的城镇吸纳农业转移人口和城镇建设用地转型的变化趋势（除枣阳市以外）都是同向增长（图4-4）。即湖北省各县级单元在2009—2016

年间吸纳农业转移人口和城市建设用地面积扩张同步进行。

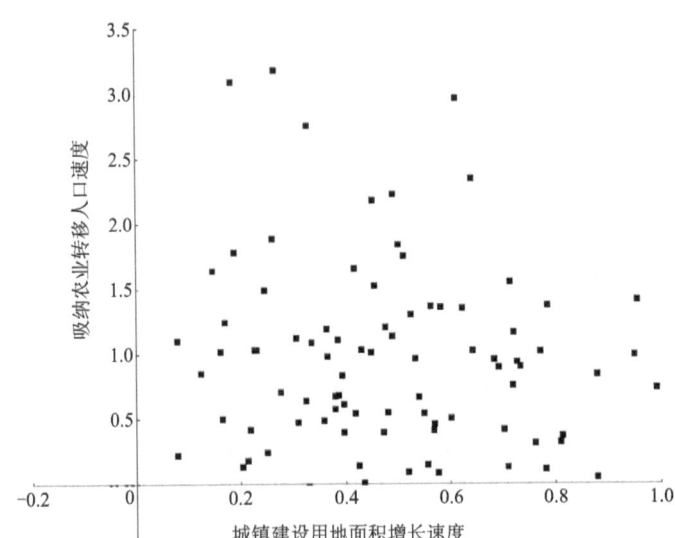

图 4-4　湖北省吸纳农业转移人口和城镇建设用地转型散点图

依据 Tapio 脱钩模型及吸纳农业转移人口和城镇建设用地转型关系类型,湖北省县级单元的吸纳农业转移人口和城镇建设用地转型呈现 4 种脱钩关系,即扩张耦合、扩张负脱钩、弱脱钩和强脱钩(表 4-2)。湖北省县级单元城镇吸纳的农业转移人口和城镇建设用地转型的脱钩关系以扩张负脱钩为主,即吸纳农业转移人口速度大于城镇建设用地扩张速度,共有 59 个县级单元属于此种脱钩类型;弱脱钩是湖北省县级单元第二主要脱钩类型,即城镇建设用地扩张速度大于吸纳农业转移人口速度,有咸安区、大冶市、丹江口市等 16 个县级单元属于此种脱钩类型;扩张耦合是湖北省县级单元唯一耦合脱钩类型,即吸纳农业转移人口速度和城镇建设用地扩张速度保持协调同步,有仙桃市、蕲春县、恩施市等 11 个县级单元属于此种类型;枣阳市是唯一一个强脱钩类型县级单元,主要是因为枣阳市在 2009—2016 年间城镇吸纳的农业转移人口为负数。

表 4-2　2009—2016 年吸纳农业转移人口和城镇建设用地转型脱钩类型

脱钩类型	数量(个)	示例单元
扩张耦合	11	仙桃市、蕲春县、恩施市、襄阳城区等
扩张负脱钩	59	监利县、钟祥市、麻城市、天门市、浠水县、孝南区、黄梅县、公安县等
弱脱钩	16	咸安区、大冶市、丹江口市、襄州区、鄂州市、嘉鱼县等
强脱钩	1	枣阳市

从湖北省 2009—2016 年县级单元吸纳农业转移人口和城镇建设用地转型脱钩类型的空间分布情况来看(图 4-5),扩张负脱钩广泛分布于湖北省东部和西部地区,是湖北省 2009—2016 年县级单元吸纳农业转移人口和城镇建设用地转主导脱钩类型;弱脱钩主要集中在东部的武汉市西南地区和西部的汉江上游地区以及神农架林区,东部地区主要是因为近年来经济

第4章 建设用地转型与农业转移人口及经济发展的脱钩关系研究

发展带动城镇建设用地扩张较快,较高的人口城镇化水平导致吸纳农业转移人口速度相对较慢,西部地区可能是因为生态环境保护政策使人口城镇化进程相对缓慢,基础设施建设的推进使城镇建设用地扩张速度相对较快;扩张耦合类型单元分布相对较为分散,但东部地区的数量明显多于西部,说明东部地区城镇吸纳农业转移人口和城镇建设用地扩张表现比西部更加协调;枣阳市作为唯一一个表现为强脱钩类型的县级单元,位于西部的汉江上游地区,和其周边表现为弱脱钩类型的县级单元一样,吸纳农业转移人口的速度相对降低。

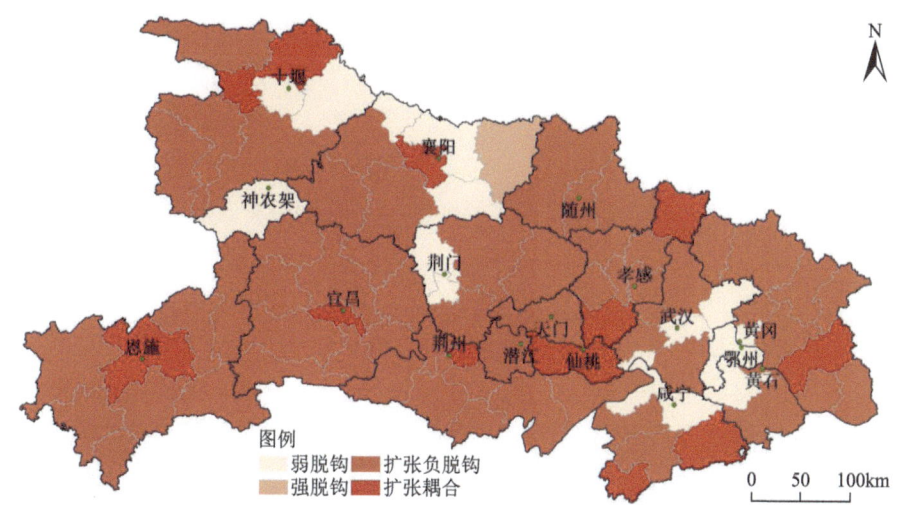

图 4-5 2009—2016 年吸纳农业转移人口和城镇建设用地转型脱钩空间格局

2)脱钩关系变化情况

随着时间维度的不同,建设用地转型和社会经济发展因素之间可能会表现出不同的耦合关系,为了揭示不同时期湖北省县级单元吸纳农业转移人口和城镇建设用地扩张之间脱钩关系的变化情况,本书选取 2009—2013 年和 2013—2016 年两个时间段对湖北省县级单元吸纳农业转移人口和城镇建设用地扩张脱钩类型进行对比分析。

和 2009—2016 年脱钩情况相比,2009—2013 年和 2013—2016 年的脱钩情况具有不同特点。如表 4-3 所示,湖北省县级单元吸纳农业转移人口和城镇建设用地转型的脱钩类型在 2009—2013 年有扩张耦合、扩张负脱钩、弱脱钩和强脱钩 4 种类型,其中以扩张负脱钩为主,共有 64 个县级单元属于此种类型,12 个县级单元为弱脱钩类型,扩张耦合类型较少,只有 7 个县级单元,另外还有 4 个评价单元为强脱钩。2013—2016 年湖北省县级单元的吸纳农业转移人口和城镇建设用地转型的脱钩关系出现明显变化,扩张负脱钩类型数量由 64 个明显降低到 19 个,而弱脱钩类型的数量则由 12 个增长到 49 个,成为 2013—2016 年的主导脱钩类型,扩张耦合类型的数量也由 7 个增长到 16 个。强脱钩类型的数量下降到 2 个。另外一个显著特点是,2013—2016 年间出现了强负脱钩类型,具体为恩施州鹤峰县的城镇建设用地面积在 2013—2016 年间有一定的减少,导致其吸纳农业转移人口和城镇建设用地转型的脱钩关系表现为强负脱钩。

表 4-3 湖北省吸纳农业转移人口和城镇建设用地转型分阶段脱钩情况

2009—2013 年		2013—2016 年	
脱钩类型	数量（个）	脱钩类型	数量（个）
扩张耦合	7	扩张耦合	16
扩张负脱钩	64	扩张负脱钩	19
弱脱钩	12	弱脱钩	49
强脱钩	4	强脱钩	2
		强负脱钩	1

从空间分布格局来看（图 4-6），2009—2013 年扩张负脱钩类型广泛分布于湖北省东部和西部地区，弱脱钩类型主要集中分布在东部的武汉市东南地区和西部的襄阳市和荆门市部分地区，扩张耦合分布较为分散，汉江上游的枣阳市、丹江口市等 4 个地区为强脱钩类型。2013—2016 年的空间分布格局出现了明显变化，原先属于扩张负脱钩类型的东部和西部大部分县级单元转变为弱脱钩类型，扩张负脱钩类型则主要分布在中部和西部的随州市、荆门市、宜昌市和恩施州一带地区，扩张耦合类型的数量有所增加但分布仍然比较分散，中部的掇刀区和东部的咸安区属于强脱钩类型，西南部的鹤峰县是唯一一个表现为强负脱钩类型的县级单元。

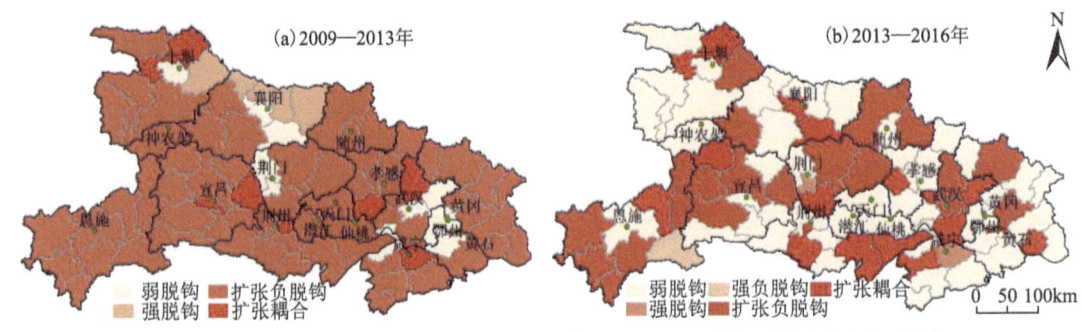

图 4-6 湖北省吸纳农业转移人口和城镇建设用地转型脱钩不同阶段空间格局

3）脱钩关系转型情况

如表 4-4 和图 4-7 所示，2009—2013 年到 2013—2016 年共有 64 个县级单元的城镇建设用地转型与城镇吸纳农业转型人口之间的脱钩关系出现了变化。其中变化最明显的是有 12 个和 36 个县级单元由扩张负脱钩分别转变为扩张耦合和弱脱钩，即由原来的吸纳农业转移人口速度较快转变为吸纳农业转移人口速度和城镇建设用地扩展速度协调或者城镇建设用地扩展快于吸纳农业转移人口速度，该类地区分布在东部的武汉城市圈地区明显多于西部鄂西文化旅游圈，表明东部发达地区更容易出现建设用地扩张过快的情况。另外，还分别有 6 个扩张耦合地区转变为扩张负脱钩、强脱钩和弱脱钩，4 个强脱钩地区转变为扩张负脱钩、弱脱钩，5 个弱脱钩转变为扩张耦合、扩张负脱钩和强脱钩的变化关系。整体来看，湖北省县级单元的城镇吸纳农业转移人口和城镇建设用地转型之间的脱钩关系表现为 2009—2013 年以吸纳农业转移人口速度大于城镇建设用地增长速度为主转变为 2013—2016 年的城镇建设用地增长速度大于吸纳农业转移人口速度,城镇建设用地表现出过快增长的趋势。

表 4-4 城镇建设用地与城镇吸纳农业转移人口脱钩关系转型矩阵　　单位:个

脱钩类型	扩张耦合	扩张负脱钩	强脱钩	强负脱钩	弱脱钩	总计
扩张耦合		2	1		3	6
扩张负脱钩	12			1	36	49
强脱钩		1			3	4
弱脱钩	3	1	1			5
总计	15	4	2	1	42	64

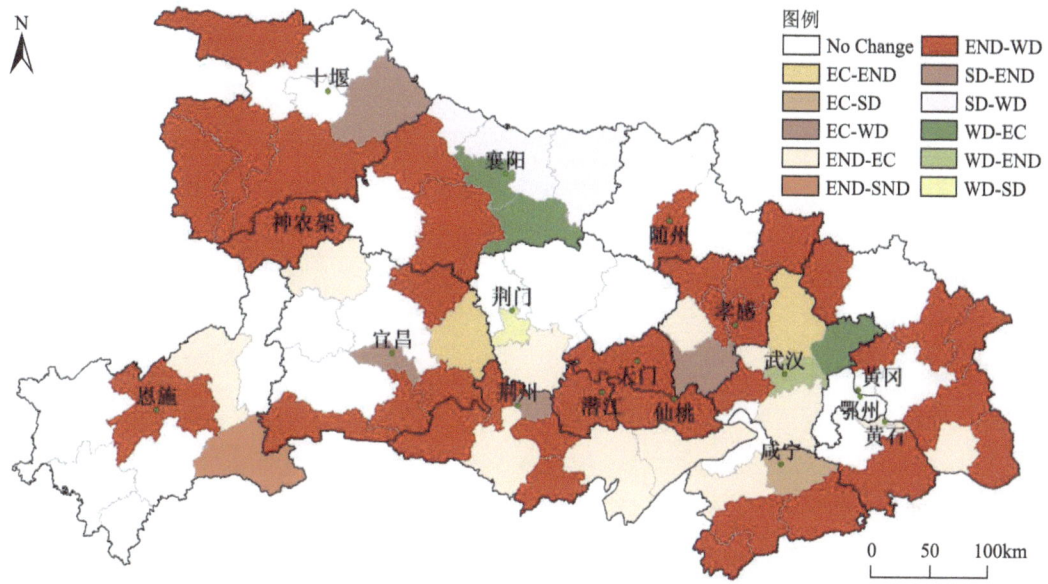

EC-扩张耦合;END-扩张负脱钩;SD-强脱钩;WD-弱脱钩;SND-强负脱钩。
图 4-7 城镇建设用地与城镇吸纳农业转移人口脱钩关系转型分布情况

4.3 农村建设用地转型与农村转出人口的脱钩关系

4.3.1 农村转出人口情况

如表 4-5 所示,湖北省农村人口在 2009—2016 年逐年降低,期间一共减少了 622.99 万人,相对 2009 年减少了 20.17%。由于湖北省 2009—2016 年均保持着 3.34%～5.07%的人口自然增长率,所以湖北省农村转出的农业人口要大于农村人口的减少量,2009—2016 年一共转出了 714.18 万人,年均转出农业人口达到 102.03 万人,大于城镇吸纳的农业转移人口数量,农业转出人口数量占到湖北省 2009 年农业人口的 23.12%。农业人口的大量转出,减少了农村宅基地利用效率和耕地生产的劳动投入,对湖北省农村土地利用特别是农村建设用地的转型产生了重大影响。

表 4-5　湖北省 2009—2016 年农村转出农业人口

年份	农村人口(万人)	人口自然增长率(‰)	农村转出农业人口(万人)	
			年度数量	累计
2009	3 088.80	3.48		
2010	2 879.26	4.34	222.95	222.95
2011	2 773.68	4.38	118.19	341.14
2012	2 687.23	4.88	99.99	441.12
2013	2 637.97	4.93	62.51	503.63
2014	2 578.20	4.90	72.70	576.33
2015	2 524.92	4.91	65.94	642.27
2016	2 465.81	5.07	71.91	714.18

湖北省各县级单元在 2009—2016 年都经历了农业人口的流失，有大量的农村人口离开农村转移到城市生活、工作。湖北省县级单元农村平均转出农业人口数量为 13.7 万人，其中转出农业人口数量最多的是荆州市监利县，2009—2016 年间共有 46.31 万农业人口从农村转出，占到 2009 年农业人口数量的 45.12%。武汉市汉南区农业转出人口最少，2009—2016 年间共有 8648 人从农村转出。

从湖北省 2009—2016 年农业转出人口空间分布来看(图 4-8)，农业转出人口数量较多的地区主要分布在中部的随州市、荆门市、荆州市、天门市、潜江市、仙桃市等地区。这些地区主要位于江汉平原，是湖北省传统的粮食主产区，农业生产和农村发展较为发达，也是湖北省农业人口的主要聚居区，具有大量的农业人口。近年来随着城镇化进程的加快，相对于农业生产收益和农村生活条件，城市为农民提供了大量具有较高收入的工作岗位和更好的公共服务，加之这些地区距离武汉市、襄阳市、宜昌市等经济发达城市较近，大量农村富余劳动力转移到城市。武汉市辖属区县和西部很多地区农业转出人口数量较低，这主要是因为武汉市辖属区县城镇化水平较高，农业人口比重相对较低，而西部地区人口数量相对较少，因而农业人口转出数量相对较低。农业转出人口比例的空间分布与农业转出人口数量的空间分布具有较强的一致性，即农业转出人口数量较多的地区，农业转出人口比例也相对较高。

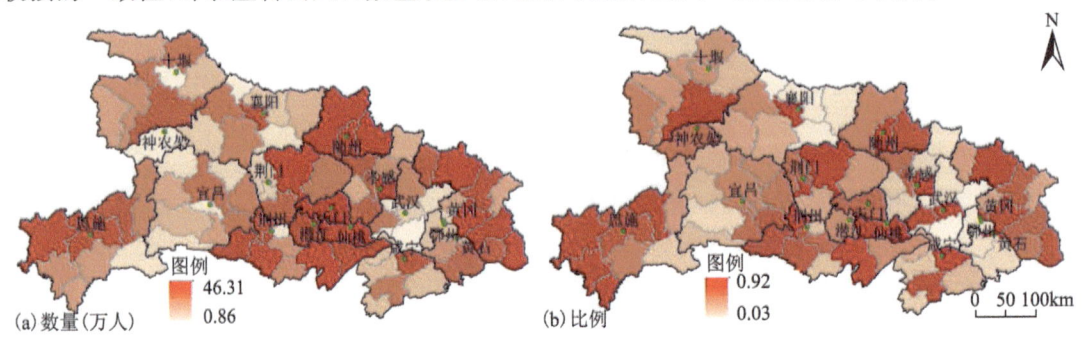

图 4-8　湖北省 2009—2016 年农村转出农业人口

4.3.2 农村建设用地转型与农村转出人口脱钩关系

4.3.2.1 省域脱钩情况

2009—2016 年湖北省农业人口共减少 622.99 万人，加上自然增长人口，该期间湖北省农村转出的农业人口共计 714.18 万人，占 2009 年农村人口的 23.12%。2009—2016 年间湖北省农村建设用地面积共增长了 176.41km²，增长率为 2.08%。2009—2016 年湖北省农村转出农业人口和农村建设用地转型之间的脱钩系数为 -11.3005，属于强脱钩类型，即农业人口转出导致农村人口减少，但农村建设用地面积仍在增长，农村建设用地利用粗放不合理。

从变化趋势来看(图 4-9)，2009—2016 年湖北省农村转出农业人口和农村建设用地转型之间的脱钩系数波动较大，在 2009—2014 年间整体呈下降趋势，由 2009—2010 年的 -19.51，逐步减小到 2013—2014 年的 -9.34，但 2014—2015 年迅速增长到 -54.88，随后又下降到 2015—2016 年的 -19.06。从变化趋势可以看出，在 2009—2016 年间，湖北省农村转出农业人口和农村建设用地转型的脱钩类型都属于强脱钩，即农村农业人口持续转出导致农业人口减少，但农村建设用地持续保持增长。其中农村转出农业人口和农村建设用地转型之间的脱钩关系除 2014—2015 个别年份外，整体保持稳中有下降趋势。

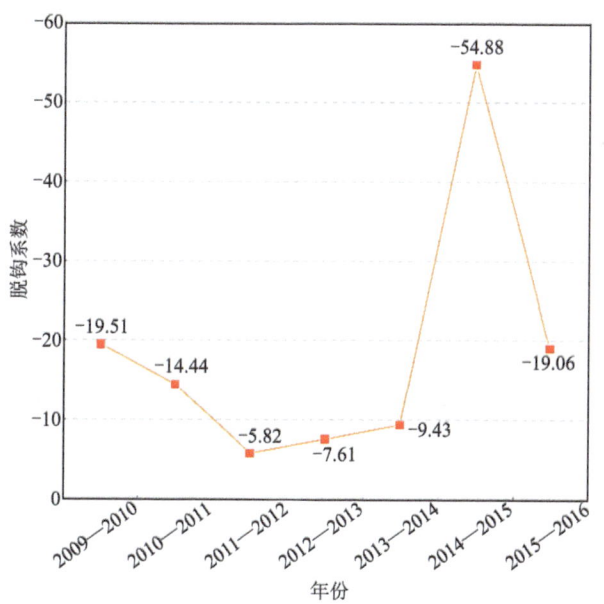

图 4-9 湖北省农村转出农业人口和农村建设用地转型脱钩系数

4.3.2.2 县域脱钩情况

1)2009—2016 年脱钩关系

从湖北省农村转出农业人口和农村建设用地转型散点图来看(图 4-10)，2009—2016 年间湖北省 87 个县级评价单元的农村转出农业人口和农村建设用地转型主要位于第二象限和第三象限,其中以第二象限为主。即湖北省大部分县级单元在2009—2016年间农村农业人口持续转出但农村建设用地面积保持扩张,部分县级单元则保持农村农业人口转出和农村建设用地面积减少同步进行。

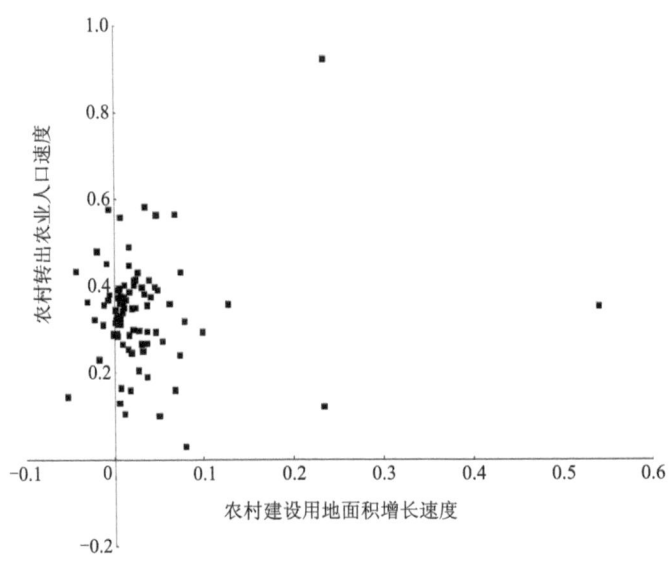

图4-10 湖北省农村转出农业人口和农村建设用地转型散点图

依据Tapio脱钩模型及农村转出农业人口和农村建设用地转型关系类型,湖北省县级单元2009—2016年的农村转出农业人口和农村建设用地转型呈现2种脱钩关系,即强脱钩和扩张负脱钩(表4-6)。湖北省县级单元农村转出农业人口和农村建设用地转型的脱钩关系以强脱钩为主,即农村转出农业人口的同时农村建设用地持续扩张,共有73个县级单元属于此种脱钩类型;扩张负脱钩是湖北省县级单元表现的第二种脱钩类型,即农村转出农业人口的同时农村建设用地也保持同步减少,有秭归县、沙洋县、公安县、监利县等14个县级单元属于此种脱钩类型。

表4-6 2009—2016年农村转出农业人口和农村建设用地转型脱钩类型

脱钩类型	数量(个)	示例单元
强脱钩	73	浠水县、麻城市、广水市、随县、保康县、京山县、钟祥市、武汉城区等
扩张负脱钩	14	秭归县、沙洋县、公安县、监利县、掇刀区、大冶市等

从湖北省县级单元2009—2016年农村转出农业人口和农村建设用地转型脱钩类型的空间分布来看(图4-11),强脱钩广泛分布于湖北省东部和西部地区,是农村转出农业人口和农村建设用地转型脱钩关系的主导类型;衰退脱钩主要分布在中南部的荆门市、荆州市、仙桃市一带和东部的随州市、孝感市、黄石市以及西部的十堰市和宜昌市部分地区,这些地区的衰退脱钩类型主要是因为农业人口转出导致废弃的农村宅基地通过土地整理项目转化为其他用地类型,农村建设用地面积在2009—2016年有所降低,农村建设用地转型和农村转出农业人口变化之间的关系相对协调。

第4章 建设用地转型与农业转移人口及经济发展的脱钩关系研究

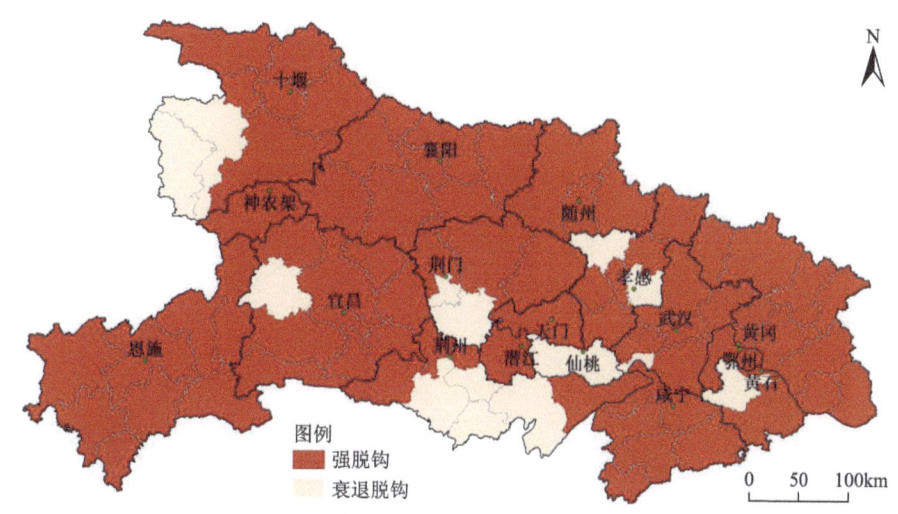

图 4-11 2009—2016 年农村转出农业人口和农村建设用地转型脱钩空间格局

2）脱钩关系变化情况

和 2009—2016 年脱钩情况相比，2009—2013 年和 2013—2016 年的脱钩情况具有不同特点。如表 4-7 所示，湖北省县级单元农村转出农业人口和农村建设用地转型的脱钩类型在 2009—2013 年有扩张负脱钩、弱脱钩、强脱钩和衰退脱钩四种类型，其中以强脱钩为主，共有 72 个县级单元属于此种类型，12 个县级单元为衰退脱钩类型，扩张负脱钩和弱脱钩类型较少，都只有 1 个县级单元。2013—2016 年湖北省县级单元的农村转出农业人口和农村建设用地转型的脱钩关系出现一定程度的变化，强脱钩类型依旧为主导脱钩类型，但其数量由 72 个降低到 59 个，而衰退脱钩类型的数量则由 13 个增长到 20 个，扩张负脱钩类型的数量也由 1 个增长到 4 个。弱脱钩类型的数量保持在 1 个没有变化。和 2009—2013 年相比，2013—2016 年间出现了弱负脱钩类型，具体为武汉市汉南区、荆门市京山县和荆州市监利县的农村建设用地面积在 2013—2016 年间有一定的减少，但其农业转出人口在 2013—2016 年间为负数，即部分农业转出人口回流到农村，其脱钩类型表现为弱负脱钩。

表 4-7 湖北省农村转出农业人口和农村建设用地转型分阶段脱钩情况

2009—2013 年		2013—2016 年	
脱钩类型	数量(个)	脱钩类型	数量(个)
扩张负脱钩	1	扩张负脱钩	4
弱脱钩	1	弱脱钩	1
强脱钩	72	强脱钩	59
衰退脱钩	13	衰退脱钩	20
		弱负脱钩	3

从空间分布来看（图 4-12），2009—2013 年湖北省农村转出农业人口和农村建设用地转型的强脱钩分布比较广泛，衰退脱钩主要分布在东部的武汉市周边，如孝感市、仙桃市、黄石

市等靠近武汉市的县级单元,在西部的分布则比较分散,主要位于十堰市和宜昌市部分地区,扩张负脱钩和弱脱钩则分别位于东部的江夏区和西部的老河口市。2013—2016年间,衰退脱钩的分布有明显扩张,主要表现在西部的襄阳市和中部的荆门市、荆州市部分县级单元由弱脱钩转变为衰退脱钩,西北部的十堰市、襄阳市和随州市部分地区出现了扩张负脱钩类型,弱脱钩类型则只有东部的武汉主城区,新出现的弱负脱钩类型主要位于中部地区。

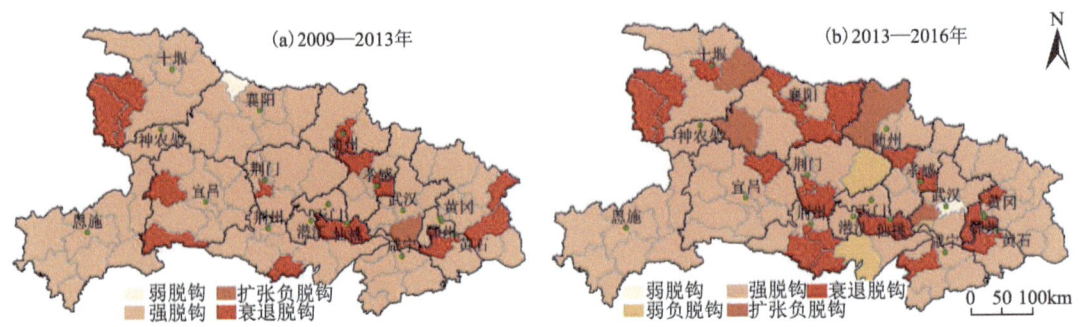

图 4-12 湖北省农村转出农业人口和农村建设用地转型脱钩不同阶段空间格局

3)脱钩关系转型情况

如表4-8和图4-13所示,2009—2013年到2013—2016年共有26个县级单元的农村建设用地与农村转出农业转移人口之间的脱钩关系出现了变化。其中变化最明显的是2019—2013年有19个县级单元由强脱钩转变为4个扩张负脱钩、11个衰退脱钩、1个弱脱钩和3个弱负脱钩,即由农村农业人口转出的同时农村建设用地仍保持增长转变为农村建设用地增长速度放缓甚至有所减少,该类地区主要分布在中西部的襄阳市、荆州市、荆门市等地区。同时,还有分布地区出现扩张负脱钩转变为强脱钩、衰退脱钩转变为强脱钩、弱脱钩转变为衰退脱钩等转变类型。2009—2013年到2013—2016年湖北省农村转出农业人口和农村建设用地转型的脱钩关系的主要变化特点是以农业人口转出和农村建设用地面积增长为主的强脱钩类型转变为农村建设用地面积增长速度放缓,农村建设用地减少地区增多而出现的衰退脱钩、扩张负脱钩和弱负脱钩类型增多的趋势,农村建设用地表现出现缩减的趋势增强。

表 4-8 农村建设用地与农村转出农业人口脱钩关系转型矩阵　　　单位:个

脱钩类型	扩张负脱钩	衰退脱钩	强脱钩	弱脱钩	弱负脱钩	总计
扩张负脱钩			1			1
衰退脱钩			5			5
强脱钩	4	11		1	3	19
弱脱钩		1				1
总计	4	12	6	1	3	26

第4章 建设用地转型与农业转移人口及经济发展的脱钩关系研究

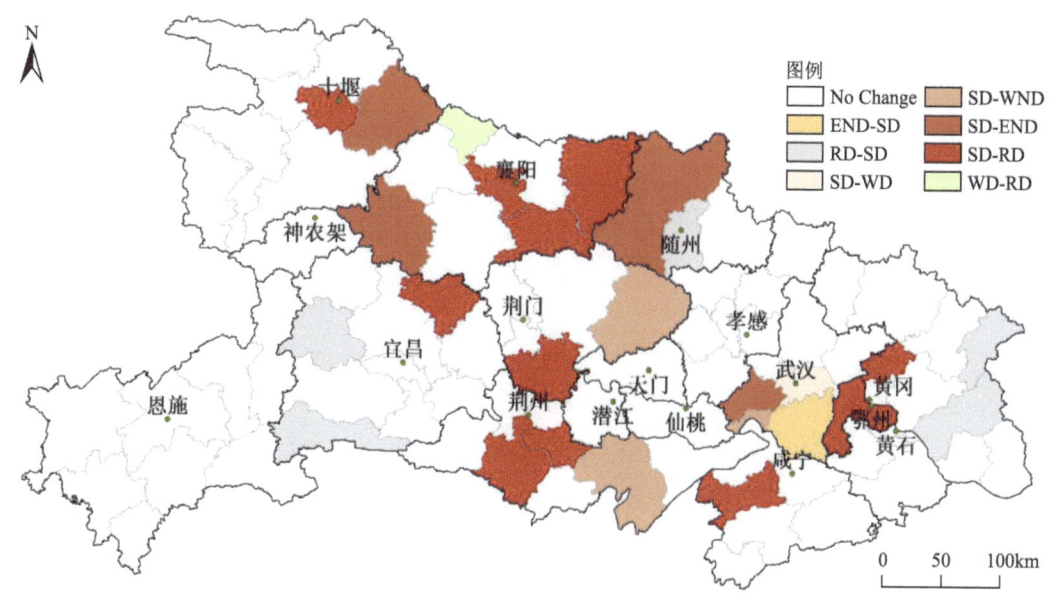

END-扩张负脱钩；SD-强脱钩；WD-弱脱钩；RD-衰退脱钩；WND-弱负脱钩。

图 4-13 农村建设用地与农村转出农业人口脱钩关系转型分布情况

4.4 交通建设用地转型与经济增长的脱钩关系

4.4.1 经济发展情况

湖北省经济在 2009—2016 年间保持了快速增长(图 4-14)，GDP 由 2009 年的 12 961.1 亿元增长到 2016 年的 32 297.91 亿元，共增长了 2.49 倍。GDP 增长率也长期保持较高的增长水平。分年度看，湖北省生产总值在 2009—2013 年间都保持在 10% 以上的高速增长水平，2014 年以后，由于国内外经济发展形势恶化，湖北省 GDP 增长率逐渐降低到 10% 以下，但仍保持着 8% 以上的较高水平。综合来看，湖北省经济发展正处于一个从快速增长转变为缓慢增长阶段，但总体仍是稳定增长较快趋势。

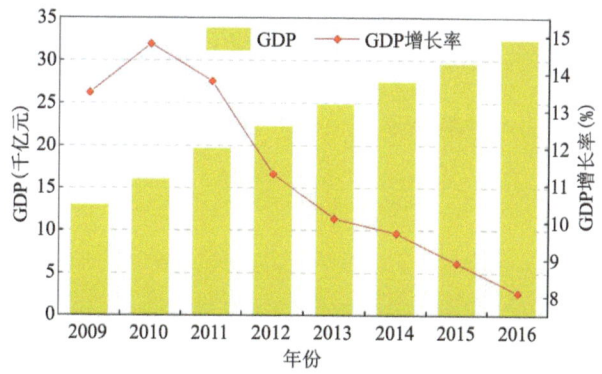

图 4-14 湖北省 2009—2016 年经济发展情况

从县级幅度来看(图 4-15),湖北省县域单元的 GDP 在 2009—2016 年普遍都取得了较大的增长幅度。其中 GDP 增长幅度较大的地区主要位于西部的襄阳市、宜昌市一带和东部的武汉市主城区周边地区,这些地区 2016 年的 GDP 相对于 2009 年普遍增长了 2 倍以上,经济增长幅度领先于湖北省其他地区。主要是因为这些地区位于湖北省经济发展"一主两副"中心的武汉市和襄阳市、宜昌市周边地区,受益于湖北省推行的"长江经济带"和"汉江经济带"发展战略和武汉市、襄阳市、宜昌市城区较强的经济带动作用,近年来经济实现了快速发展。而经济增长幅度较低的地区主要位于东部的黄冈市、孝感市、咸宁市和西部的恩施州等地区,这些地区 2016 年的 GDP 虽然相对于 2009 年普遍增长了 1 倍以上,但相对于湖北省其他地区处于较低水平。一方面这些地区多数位于东部的大别山区和幕府山区以及西部巫山山区,由于山区带来的诸多经济发展不利条件导致这些地区经济发展速度相对缓慢,另一方面这些地区林地覆盖率较高,是湖北省及中国中部地区的生态屏障,受生态环境保护政策影响,其经济发展主要以生态旅游产业为主,缺乏工业发展基础,经济发展相对落后。

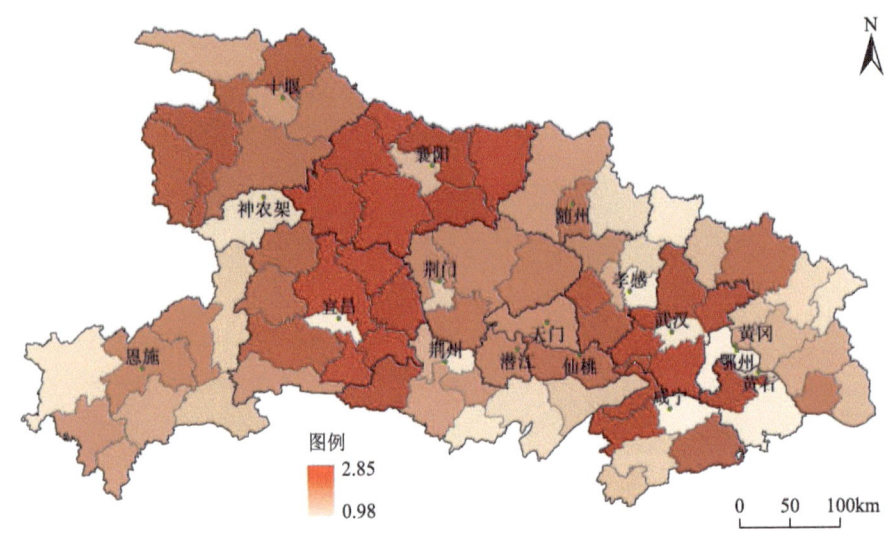

图 4-15 湖北省县级单元 2009—2016 年经济增长幅度

4.4.2 交通建设用地转型与经济增长脱钩关系

4.4.2.1 省域脱钩情况

2009—2016 年间湖北省生产总值由 12 961.1 亿元增长到了 32 297.91 亿元,期间共增加了 19 336.81 亿元,占 2009 年 GDP 的 149.19%。2009—2016 年湖北省交通建设用地面积共增长了 397.92 km², 相对于 2009 年的增长率为 66.5%。2009—2016 年湖北省经济增长和交通建设用地转型之间的脱钩系数为 2.24,属于扩张负脱钩类型,即经济增长的速度大于交通建设用地面积增长的速度。交通建设用地的增长对湖北省经济发展具有较强的推动作用,今后应继续加强交通运输设施建设。

从变化趋势来看(图 4-16),2009—2016 年湖北省经济增长和交通建设用地转型之间的

第 4 章　建设用地转型与农业转移人口及经济发展的脱钩关系研究

脱钩系数虽有一定幅度的波动,但呈稳定降低趋势。脱钩系数由 2009—2010 年的 2.5783 的扩张负脱钩状态降低到 2015—2016 年的 1.2060 的接近扩张耦合状态。湖北省经济增长在 2010 年和 2011 年保持了 13% 以上的高速增长,而此阶段除交通建设用地增长相对较低导致脱钩系数达到 5.2032 的极高值外,此后的年份脱钩系数都保持在 2 以下的较低水平,特别是 2012—2013 年和 2013—2014 年的脱钩系数较低,属于扩张耦合的水平。脱钩系数变化趋势说明湖北省的经济增长和交通建设用地转型之间逐渐达到协调状态。

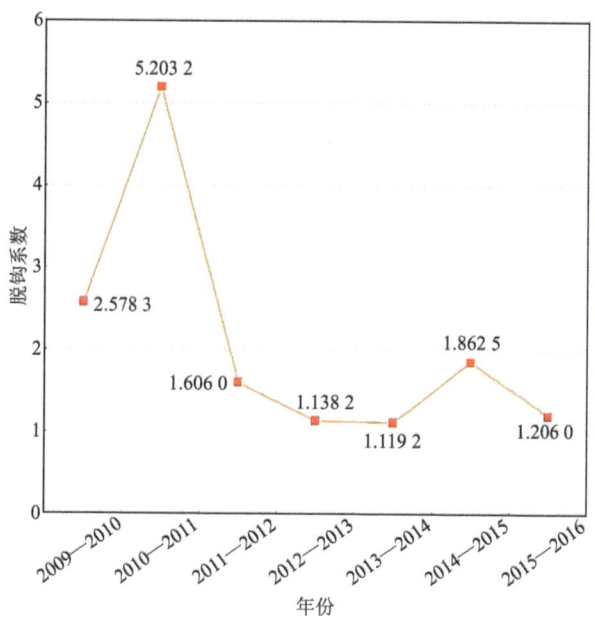

图 4-16　湖北省经济增长和交通建设用地转型脱钩系数

4.4.2.2　县域脱钩情况

1) 2009—2016 年脱钩情况

从湖北省经济增长和交通建设用地转型散点图来看(图 4-17),2009—2016 年间湖北省 87 个县级评价单元的经济增长速度和交通建设用地转型速度都位于第一象限,表明两者的变化趋势都是同向增长,即湖北省各县级单元在 2009—2016 年间经济增长和交通建设用地面积扩张同步进行。

依据 Tapio 脱钩模型及经济增长和交通建设用地转型关系类型,湖北省县级单元 2009—2016 年的经济增长和交通建设用地转型呈现 3 种脱钩关系,即扩张耦合、扩张负脱钩和弱脱钩(表 4-9)。湖北省县级单元经济增长和交通建设用地转型的脱钩关系以扩张负脱钩为主,即经济增长速度大于交通建设用地扩张速度,共有 64 个县级单元属于此种脱钩类型;弱脱钩是湖北省县级单元表现的另外一种主要脱钩类型,即交通建设用地扩张速度大于经济增长速度,有黄州区、保康县、南漳县、江陵县等 18 个县级单元属于此种脱钩类型;属于扩张耦合类型的县级单元数量较少,只有鄂州市、松滋市、嘉鱼县等 5 个,它们的经济发展和交通建设用地扩张在 2009—2016 年间保持了较为同步协调的增长。

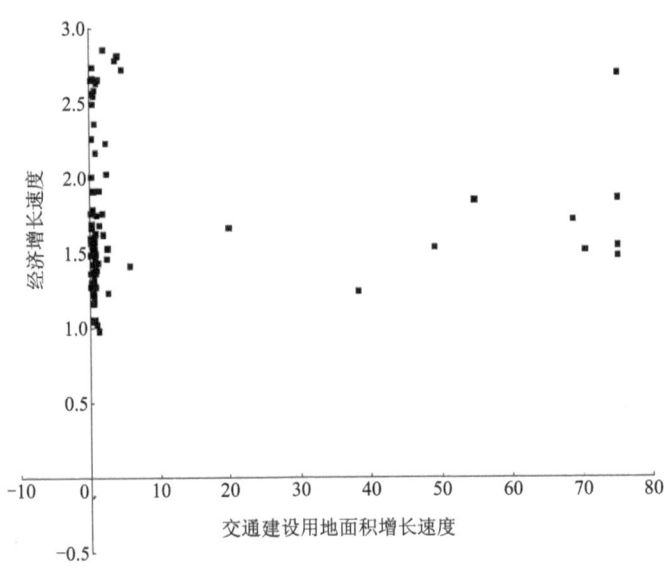

图 4-17　湖北省经济增长和交通建设用地转型散点图

表 4-9　2009—2016 年经济增长和交通建设用地转型脱钩类型

脱钩类型	数量（个）	示例单元
扩张耦合	5	鄂州市、松滋市、嘉鱼县、丹江口市、郧阳区等
扩张负脱钩	64	江夏区、黄石市区、阳新县、团风县、武穴市、浠水县、红安县、罗田县等
弱脱钩	18	黄州区、保康县、南漳县、江陵县、神农架林区、咸丰县等

从湖北省县级单元 2009—2016 年经济增长和交通建设用地转型脱钩类型的空间分布来看（图 4-18），扩张负脱钩的分布较为广泛，主要分布在中部和西部地区，是经济增长和交通建设用地转型脱钩关系的主导类型；弱脱钩主要集中在西部的十堰市、宜昌市、襄阳市和恩施州等部分地区，这些地区多数位于经济发展落后的西部山区，过去交通运输等基础设施建设较为滞后，近年来随着交通建设力度的加大，交通建设用地面积得到了大幅度的增长，并相对快于经济增长速度；经济增长和交通建设用地转型比较协调的扩张耦合类型地区分布较少且较为分散，主要位于西部十堰市城区周边和东部的武汉市周围的鄂州市和嘉鱼县以及中南部的松滋市等地。

2）脱钩关系变化情况

从 2009—2013 年和 2013—2016 年脱钩类型的对比来看（表 4-10），湖北省经济增长和交通建设用地转型之间的脱钩关系都表现为扩张耦合、扩张负脱钩和弱脱钩 3 种类型。其中 2009—2013 年间，扩张负脱钩类型的数量最多，有 67 个县级单元属于此种类型，弱脱钩为第二主要类型，有 14 个县级单元，扩张耦合类型的数量较少，只有 6 个县级单元属于此种类型。到 2013—2016 年，经济增长和交通建设用地之间的脱钩类型虽然还是 3 种，但数量出现了一定程度的变化。其中扩张负脱钩类型的数量由 67 个减少到 49 个，弱脱钩和扩张耦合的数量分别增长到 25 个和 13 个。

第 4 章 建设用地转型与农业转移人口及经济发展的脱钩关系研究

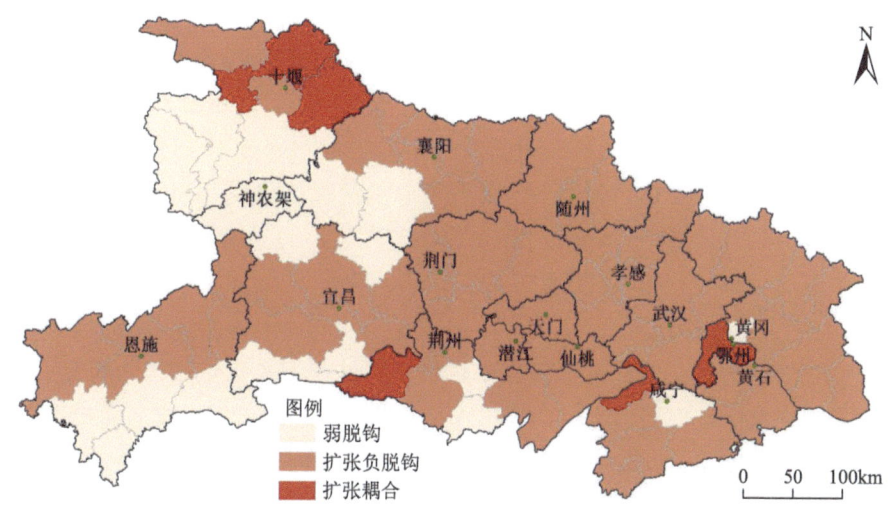

图 4-18 2009—2016 年经济增长和交通建设用地转型脱钩空间格局

表 4-10 湖北省经济增长和交通建设用地转型分阶段脱钩情况

2009—2013 年		2013—2016 年	
脱钩类型	数量(个)	脱钩类型	数量(个)
扩张耦合	6	扩张耦合	13
扩张负脱钩	67	扩张负脱钩	49
弱脱钩	14	弱脱钩	25

从空间分布来看(图 4-19),2009—2013 年间,湖北省中部和东部的大部分地区的脱钩类型都属于扩张负脱钩,弱脱钩则集中在西北部的十堰市和西南部的恩施州部分地区,扩张耦合数量较少,主要分布在西部的宜昌市一带和东部的鄂州市和咸安区。2013—2016 年间,中部和东部的很多地区由扩张负脱钩转变为弱脱钩,但西北部和西南部的原来属于弱脱钩类型的部分地区则转变为扩张负脱钩。弱脱钩类型的分布在 2013—2016 年间有明显的扩张,主要分布在中西部的襄阳市、荆州市、潜江市一带,以及东部的黄石市、咸宁市部分地区。扩张耦合的分布也明显增加,增加的地区主要分布在西部的恩施州,中部的襄阳市、荆门市、随州市和东部的黄冈市部分地区。

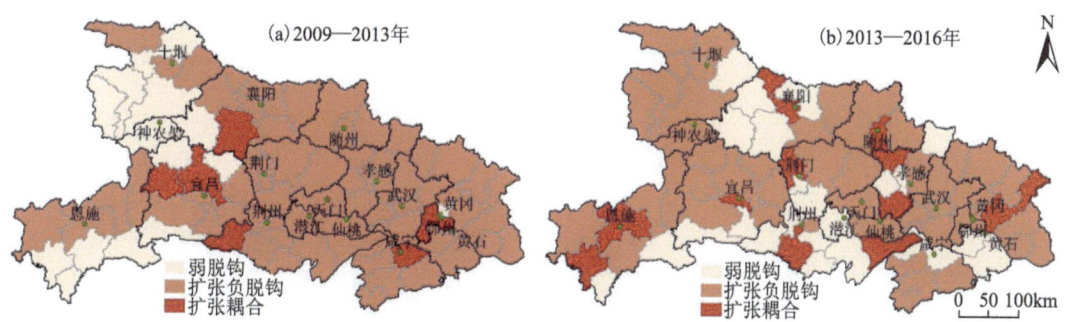

图 4-19 湖北省经济增长和交通建设用地转型脱钩不同阶段空间格局

3)脱钩关系转型情况

如表4-11和图4-20所示,2009—2019年间,湖北省共有46个县级单元的交通建设用地转型与经济增长之间的脱钩关系出现了变化。其中最明显的特征是分别有12个和18个县级单元由2009—2013年的扩张负脱钩转变为2013—2016年的扩张耦合和弱脱钩,即由经济增长较快转变为经济与交通建设用地同步协调增长或交通建设用地较快增长,这些地区主要分布在长江沿线一带及孝感市、黄石市、襄阳市部分地区。另一个比较明显的是有9个县级单元由2009—2013年的弱脱钩转变为2013—2016年的扩张负脱钩,这类地区主要集中在西部的十堰市及神农架、宜昌市部分地区,这些地区由于前期加大了交通基础设施建设,近年来经济增长速度加快。另外还有部分地区出现扩张耦合转变为扩张负脱钩和弱脱钩、弱脱钩转变为扩张耦合等。2009—2013年到2013—2016年湖北省经济发展和交通建设用地转型的脱钩关系主要变化特点是以经济增长速度大于交通建设用地转型速度为主的扩张负脱钩类型转变为交通建设用地面积增长速度与经济增长速度协调甚至快于经济增长速度而出现的扩张耦合和弱脱钩类型增多的趋势。

表4-11 交通建设用地与经济增长脱钩关系转型矩阵   单位:个

脱钩类型	扩张耦合	扩张负脱钩	弱脱钩	总计
扩张耦合		3	3	6
扩张负脱钩	12		18	30
弱脱钩	1	9		10
总计	13	12	21	46

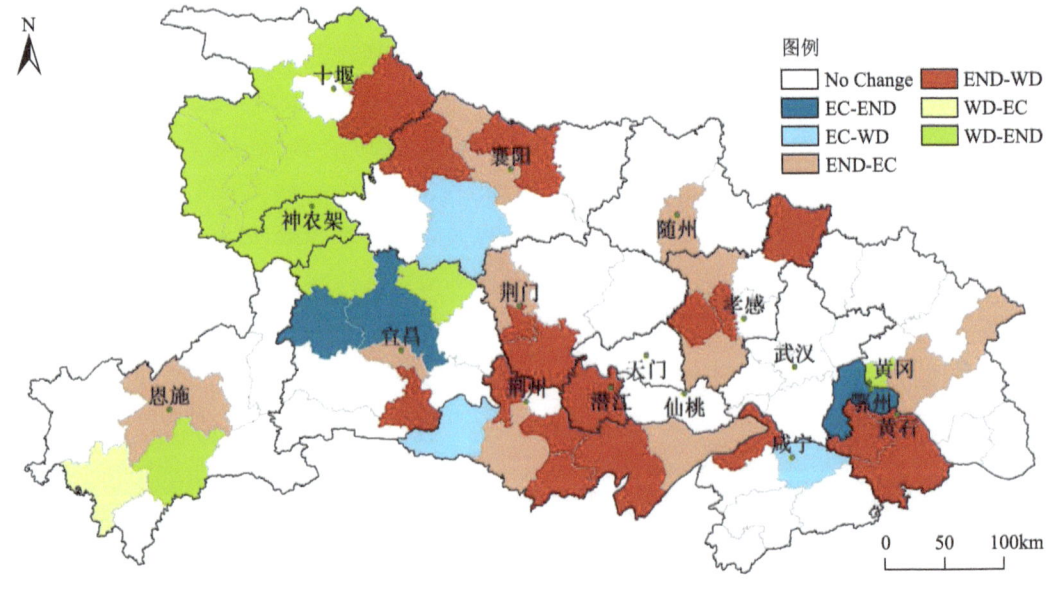

EC—扩张耦合;END—扩张负脱钩;WD—弱脱钩。

图4-20 交通建设用地与经济增长脱钩关系转型分布情况

4.5 本章小结

本章利用脱钩理论对湖北省建设用地转型与农业转移人口和经济增长等社会经济发展要素之间的脱钩关系进行了研究分析,主要从城镇建设用地转型和城镇吸纳农业转移人口、农村建设用地转型和农村转出农业人口、交通建设用地转型和经济发展3个方面的脱钩关系及类型展开。分别从省级和县级单元两个尺度对脱钩的关系及类型进行了分析。同时为了揭示建设用地转型和社会经济发展因素之间在不同时间维度可能会表现出不同的耦合关系,本书在分析2009—2016年间耦合关系的基础上,结合湖北省建设用地转型的时序变化特征,选取2009—2013年和2013—2016年两个时间段对湖北省县级单元的脱钩关系及两个时间段脱钩关系的转型特征进行了对比分析,总结了湖北省建设用地转型与农业转移人口和经济增长之间脱钩关系的时空变化特征。主要内容及结论如下:

(1)湖北省城镇吸纳农业转移人口和城镇建设用地转型在2009—2016年间的耦合关系为弱脱钩类型,即城镇建设用地增长速度大于吸纳农业转移人口的速度,城镇建设用地增长过快,但从变化趋势来看,研究后期湖北省吸纳农业转移人口的速度开始加快,与城镇建设用地扩张速度的差距逐渐缩小;从县级尺度来看,2009—2016年间城镇吸纳的农业转移人口和城镇建设用地转型的脱钩关系以扩张负脱钩为主,即吸纳农业转移人口速度大于城镇建设用地扩张速度,弱脱钩主要集中在东部的武汉市西南地区和西部的汉江上游地区,扩张耦合类型单元较少且分布相对较分散,但东部地区的数量明显多于西部;从时间变化来看,湖北省县级单元的城镇吸纳农业转移人口和城镇建设用地转型之间的脱钩关系表现为2009—2013年以吸纳农业转移人口速度大于城镇建设用地增长速度为主转变为2013—2016年的城镇建设用地增长速度大于吸纳农业转移人口速度。

(2)2009—2016年湖北省农村转出农业人口和农村建设用地转型之间的耦合关系为强脱钩类型,即农业人口转出农村人口减少,但农村建设用地面积仍旧在增长,农村建设用地利用粗放不合理,从时间变化看,两者的脱钩情况虽然波动较大但整体有一定的降低;从县级尺度看,湖北省县级单元2009—2016年的农村转出农业人口和农村建设用地转型呈现强脱钩和扩张负脱钩两种脱钩关系,其中以强脱钩为主,即农村转出农业人口的同时农村建设用地持续扩张,强脱钩分布于比较广泛,衰退脱钩主要分布在中南部的荆门市、荆州市、仙桃市一带和东部的随州市、孝感市、黄石市以及西部的十堰市和宜昌市部分地区;从时间变化看,2009—2013年到2013—2016年湖北省农村转出农业人口和农村建设用地转型的脱钩关系主要变化特点是以农业人口转出和农村建设用地面积增长为主的强脱钩类型转变为农村建设用地面积增长速度放缓,农村建设用地减少地区增多而出现的衰退脱钩、扩张负脱钩和弱负脱钩类型增多的趋势。

(3)2009—2016年湖北省经济增长和交通建设用地转型之间的耦合关系属于扩张负脱钩类型,即经济增长的速度大于交通建设用地面积增长的速度,从变化趋势来看,2009—2016年湖北省经济增长和交通建设用地转型之间的脱钩系数虽有一定幅度的波动,但呈稳定降低趋势,说明湖北省的经济增长和交通建设用地转型之间的耦合关系逐渐达到协调状态;从县级尺度看,湖北省县级单元 2009—2016 年的经济增长和交通建设用地转型呈现扩张耦合、扩张负脱钩和弱脱钩 3 种脱钩关系,其中以扩张负脱钩为主,即经济增长速度大于交通建设用地扩张速度,扩张负脱钩的分布较为广泛,主要分布在中部和西部地区,弱脱钩主要集中在西部的十堰市、宜昌市、襄阳市和恩施州等部分地区,较协调的扩张耦合类型地区分布较少且较分散。从时间变化来看,2009—2013 年到 2013—2016 年湖北省经济发展和交通建设用地转型的脱钩关系主要变化特点是以经济增长速度大于交通建设用地转型速度为主的扩张负脱钩类型转变为交通建设用地面积增长速度与经济增长速度协调甚至快于经济增长速度而出现的扩张耦合和弱脱钩类型增多的趋势。

第5章 建设用地转型驱动机制研究

5.1 研究思路和方法

5.1.1 研究思路

机制是指一个系统内各个要素之间联系和相互作用的关系及其运行方式,泛指一个自然系统和某些自然现象的发生规律。推广到社会科学范畴,机制是指社会系统中各行为人之间的相互关系及互动过程。建设用地转型驱动机制是指在一定阶段特定区域范围内建设用地利用在社会经济发展、自然条件、地理区位、各种发展调控政策等各种宏观和微观因素的影响下发生转变的过程。建设用地转型是建设用地各类形态发生变化的过程,该过程是自然、社会、经济等各类外部因素共同作用的结果,建设用地转型机制是在区域自然—社会—经济—政策复合层次上起作用的机制。

建设用地转型驱动机制研究是探寻建设用地转型过程中建设用地利用要素间的固有联系,揭示建设用地转型的本质,深入剖析建设用地转型的机理。通过对建设用地转型驱动机制研究,可以深入了解建设用地转型规律,有助于对建设用地资源可持续利用的理解,从而在宏观制度和微观环境两个方面对建设用地转型进行把控,为土地资源的可持续利用服务。

建设用地转型机制研究主要是对建设用地转型的规律成因及其形成机制进行探讨和分析。核心思想是从整体和局部两个层面系统分析建设用地转型的影响因素,对建设用地转型的作用强度、作用方式及作用规律等进行研究。综合来看,主要从建设用地转型内生驱动机制、外在驱动机制和政策驱动机制3个方面展开。3个方面分别从建设用地转型自身的自然区位条件、人类社会经济活动作用和国家/地区政策战略引导等方面解决建设用地的"为什么""怎么样"和"如何"转型等问题。

本章首先从建设用地转型内生驱动因素和外生驱动因素两个方面分别选取相应的驱动指标,采用空间计量回归相关模型,并结合不同驱动因素对建设用地转型作用的空间环境不同,分别从乡镇尺度和县域尺度进行建设用地转型驱动机制分析。以各类建设用地转型幅度为自变量,以各类自然地理、社会经济因子为因变量,分别对影响城镇建设用地转型、农村建设用地转型、交通建设用地转型和工矿及其他建设用地转型的各类驱动因素进行了分析,以解决不同影响因素对建设用地转型的相互作用关系及空间特征。最后结合湖北省建设用地转型特征,从经济结构调整、耕地保护制度和城乡统筹发展政策等方面对建设用地转型的政策驱动机制进行了剖析。具体研究思路框架如图5-1所示。

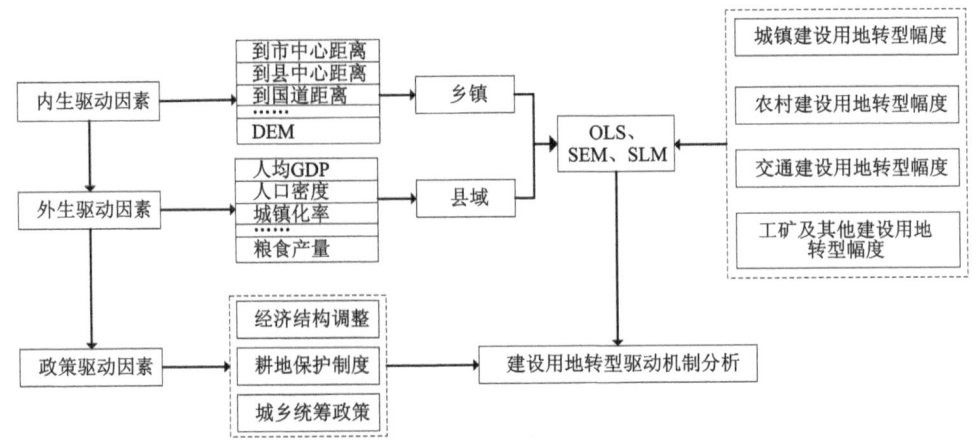

图 5-1 建设用地转型机制研究框架

5.1.2 研究方法

在对湖北省 2009—2016 年建设用地转型分析的基础上,本书选取建设用地转型驱动因子为自变量,以 4 种建设用地类型转型幅度为因变量,运用 GeoDa 空间分析软件中的 3 种空间分析模型分布进行普通最小二乘法回归模型(orinary least square,OLS)、空间滞后模型(spatial lag model,SLM)和空间误差模型(spatial error model,SEM)回归分析,最后综合分析得到各类建设用地转型与驱动因子之间的相关关系。先对自变量和因变量进行 OLS 估计,根据回归结果比较 Lagrange Multiplier (error)和 Lagrange Multiplier (lag),如果前者较后者在空间统计上更加显著,则选择 SEM 模型;若后者较前者在空间统计上更加显著,则选择 SLM 模型;若两者都显著,再对比 Robust LM-Lag 和 Robust LM-Error,选择值较大者对应的空间计量模型;若两者都不显著,则选取 OLS。

5.2 建设用地转型的内生驱动机制

建设用地是指构造建筑物、构筑物的土地,是为了方便人类的各种生活和生产活动而人工改造的土地利用形态。建设用地利用形态并非一成不变,而是随着不同国家或地区所处的经济和社会发展阶段的变化而变化。随着人类的生产和生活方式不断变化,如居住地由农村向城市聚集,高速公路、铁路的发展,工业和服务业的兴起等,这些导致了不同阶段不同建设用地类型的数量和形态的变化,促使建设用地利用转型的发生。

建设用地转型内生驱动主要是指建设用地自身所处的自然地理条件,这些自然地理条件是决定各类土地资源分布的基本条件,在一定程度上对建设用地转型的方向、过程和模式起主导作用。对建设用地转型内生驱动机制进行分析是为了判定驱动因子与建设用地转型间的关系,找到起主要作用的驱动因子,为今后建设用地利用的政策制定和管理调控提供依据。

5.2.1 驱动因子的选取

建设用地转型内生驱动因素是建设用地利用的主要自身因素,也是建设用地利用最基础的影响因素,主要包括水源、光照、气温等自然气候因素和地形地貌、地质条件等地理要素,作为建设用地利用的最直接目的和表现形式,人类的生产和生活活动与地形条件、水源条件、光照等自然禀赋密切相关,而区域的自然禀赋的变化在一定程度上会导致建设用地利用形态的变化,进而促使建设用地利用转型。

参考以往研究成果,影响土地利用分布格局的内生驱动因素主要有地形地貌、气候、土壤、区位条件等。在不同时期不同区域范围内,各类自然地理因素对土地利用活动的作用程度是不同的,不同土地利用类型受外界自然地理因素的影响也不同,不同的组合要素在地域范围内对建设用地利用的主导方向也不同。湖北省地处中国中部的汉江与长江交汇处,地貌类型多样,从历史时期看,自然地理要素对建设用地利用和演变起到决定性作用。

内生驱动因素主要是指影响建设用地转型的自然地理要素,主要有地貌地形、水文、土壤、区位等。由于建设用地是人工改造用于人类生产生活活动的土地类型,气候、土壤等作为宏观自然要素,短期内比较稳定,对人类的生产生活活动作用不太明显,而地形地貌、水文、区位条件等则直接决定人类生活居住条件的适宜程度,因此在选择建设用地转型的形成因子主要考虑的地形地貌、水文和区位条件等自然地理要素。区位条件主要包括行政区位条件和交通区位条件两类,其中行政区位条件具体分为到市级行政中心距离和到县级行政中心距离,交通区位条件具体分为到国道距离、到省道距离、到县道距离和到铁路距离;水文条件主要考虑的是到主要河流距离;地形地貌条件选取了高程和坡度两个因子。综上,本书选取的形成因子主要包括地形条件、水文条件和区位条件等9个因子。由于上述内生驱动因素对建设用地转型的作用与地理空间距离相关,较小的评价单元可以更好地揭示驱动因子的作用机制,因此本书选择乡镇行政单元作为形成因子驱动分析的评价单元。

5.2.2 驱动因子空间可视化

地形条件坡度数据是通过 ArcGIS 软件由 DEM 数据计算得到。坡度和高程数据都是栅格数据,通过 ArcGIS 软件区域分析工具对各乡镇级评级单元进行分区统计,得到每个评价的单元平均高程和坡度数据。

区位条件、交通条件及水文条件形成因子的空间可视化处理流程为:将各等级公路、各等级铁路、主要河流、各级行政中心图层转化为20m分辨率的栅格数据,然后通过 ArcGIS 软件的 Euclidean Distance 工具求得各个栅格象元到源数据的距离。各栅格距离数据通过 ArcGIS 空间统计分析工具集中的区域分析工具以表格显示各个乡镇评价单元的平均距离数据。将各建设用地转型形成因子可视化得到的空间分布如图5-2所示。

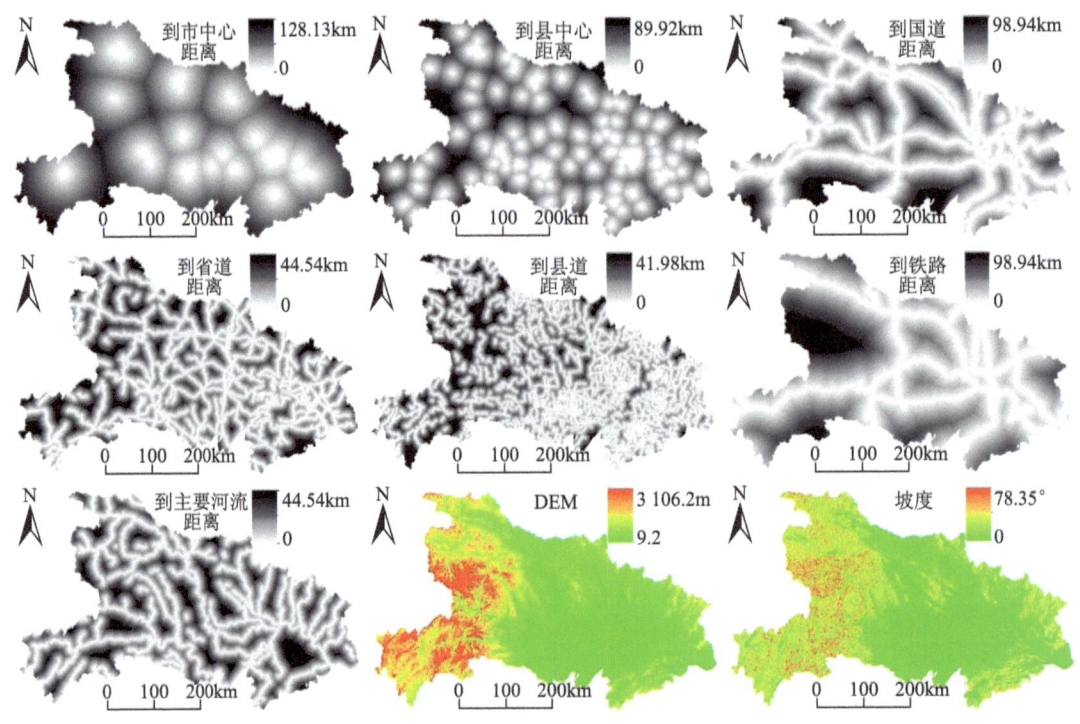

图 5-2 湖北省建设用地转型形成驱动因子定量化空间分布

5.2.3 空间计量回归模型的选择

空间评价单元尺度越小,所能反映的空间信息就越详细,评价结果也更加可靠。县域尺度是我国社会经济数据公开获取渠道的最小单元,因此在发展驱动因子评价部分采用县级行政区作为评价单元。而形成驱动因子主要是基于矢量数据空间处理得到,可以获取任意尺度的结果数据,为了使建设用地转型形成驱动机制研究结果更加可靠,本书选择较小的乡镇行政区作为评价单元。

根据表 5-1 所示,湖北建设用地转型形成因子 OLS 分析结果表明,各类建设用地转型的 Lagrange Multiplier (error) 的显著性水平都高于 Lagrange Multiplier (lag),因此,SEM 模型更适合建设用地转型形成驱动因子分析。

表 5-1 建设用地转型形成驱动因子空间依赖性检验

空间依赖性检验	城镇建设用地转型	农村建设用地转型	交通建设用地转型	工矿及其他建设用地转型
Lagrange Multiplier(lag)	105.464 3***	178.873 3***	198.700 8***	35.917 2***
Robust LM (lag)	7.002 2***	0.214 4	0.633 7	0.218 2
Lagrange Multiplier(error)	118.570 2***	180.538 8***	206.863 3***	42.985 3***
Robust LM (error)	20.108 1***	1.673 5	8.796 1***	1.251 3

注:* 指在 10% 置信区间上显著相关,** 指在 5% 置信区间上显著相关,*** 指在 1% 置信区间上显著,其他无显著相关性。

5.2.4 转型驱动结果分析

基于 SEM 模型的湖北省建设用地转型形成驱动因素分析结果如表 5-2 所示。虽然各类建设用地转型的 R^2 偏小,但多数驱动因子的回归系数呈显著相关性,城镇建设用地转型、农村建设用地转型和交通建设用地转型回归分析结果较为理想,而工矿及其他建设用地转型的 R^2 较低,各类驱动因子对工矿及其他建设用地转型影响作用较低。

表 5-2 湖北省建设用地转型形成驱动因子 SEM 分析结果

驱动因子	城镇建设用地	农村建设用地	交通建设用地	工矿及其他建设用地
CONSTANT	0.170 8***	0.503 7***	0.105 0***	0.534 5***
到市中心距离	−0.085 0***	0.006 5	−0.044 6***	0.000 8
到县中心距离	−0.167 9***	−0.023 3**	−0.070 5***	−0.004 6
到国道距离	−0.031	−0.009 3	−0.040 5*	0.001 4
到省道距离	−0.068 0**	−0.013 7	−0.050 9***	0.001
到县道距离	−0.052 3	−0.001 8	−0.025 3	0.007 8
到铁路距离	−0.019 6	−0.021 1**	0.000 8	0.008
到主要河流距离	−0.051 8**	−0.022 3**	−0.023 4	−0.013 3*
高程	0.096 6***	0.012 8	0.030 2	−0.001 8
坡度	−0.069 1**	−0.005 8	−0.036 6*	0.001 7
LAMBDA	0.394 1***	0.353 7***	0.442 4***	0.206 6***
R^2	0.303 3	0.161 2	0.311 7	0.041 5

注:* 指在 10% 置信区间上显著相关,** 指在 5% 置信区间上显著相关;*** 指在 1% 置信区间上显著,其他无显著相关性。

5.2.4.1 城镇建设用地转型

2009—2016 年湖北省城镇建设用地转型的主要形成驱动因素是到市中心距离、到县中心距离、到省道距离、到主要河流距离、高程和坡度等。其中,到市中心距离、到县中心距离、到省道距离和到主要河流距离等驱动因子分别在 1% 和 5% 的置信区间上与城镇建设用地转型呈显著负相关性,即距市中心和县中心距离越近,城镇建设用地转型幅度越大,同样,距离省道和河流越近地区,其城镇建设用地转型幅度也越大;高程和坡度分别与城镇建设用地转型在 1% 和 5% 的置信区间上与城镇建设用地转型呈显著正相关性和显著负相关性,即随着坡度的升高,城镇建设用地转型幅度降低,而高程高的地区,城镇建设用地转型幅度较大,表明地形坡度作为城镇建设用地转型限制因素,坡度的增大阻碍了建设用地数量和结构的变化,而随着土地开发技术水平的提高,高程对建设用地开发利用的限制作用减小,由于城镇建设用地供给途径受限,高海拔的非农用地成为城镇建设用地增长的新途径。

5.2.4.2 农村建设用地转型

2009—2016 年湖北省农村建设用地转型的主要形成驱动因素是到县中心距离、到铁路距离和到主要河流距离。这 3 个驱动因子均在 5% 的置信区间水平上与农村建设用地转型呈显著负相关性,即距县中心、铁路和主要河流越近,农村建设用地转型幅度越大。

5.2.4.3 交通建设用地转型

2009—2016 年湖北省交通建设用地转型的主要形成驱动因素是到市中心距离、到县中心距离、到国道距离、到省道距离和坡度等。其中到市中心距离、到县中心距离、到省道距离和到省道距离、坡度分别与交通建设用地转型在 1% 和 10% 置信区间水平上呈显著负相关性,即随着区域距中心城区距和各类道路离越近,其交通建设用地转型幅度越大,中心城区和省道、国道等对交通建设用地转型有明显带动作用,而坡度作为限制性因素,坡度的增大阻碍了交通建设用地的转型。

5.2.4.4 工矿及其他建设用地转型

工矿及其他建设用地驱动力分析的 R^2 值较低,分析结果对观测值的拟合度较低,表明大部分形成因子对工矿及其他建设用地的转型影响不大。只有距主要河流距离与工矿及其他建设用地转型在 10% 的置信区间水平上呈显著负相关性,这可能是由于工矿的开采需要利用较多的水源,因此距离河流较近的地区,工矿用地的开采活动相对较强,

5.3 建设用地转型的外生驱动机制

建设用地转型是行为主体、社会经济、自然环境、制度政策等复杂因素综合作用的结果,表征特定时期建设用地使用者对自然禀赋、经济投入等综合资源的需求及其发展趋势,同时也是区域各类建设用地、社会经济、生态环境及制度政策等耦合系统交互作用与冲突的集中体现。建设用地转型外生驱动因素是指建设用地自身所处的自然区位条件以外的人类社会经济活动对建设用地转型产生影响和作用的因素,主要包括人口、经济、技术、文化等因素。通常外生驱动因素可以在短时间内对建设用地转型的数量、结构、方向等产生影响,是揭示建设用地转型驱动机制的关键。

5.3.1 驱动因子的选取

湖北省建设用地转型除了受自然地理条件等形成因素的影响外,还受到社会、经济和技术等发展因子的影响。在一定范围内在形成因子相似的情况下,外生驱动因子往往对建设用地转型的方向和程度有直接影响。湖北省建设用地在 2009—2016 年显性形态和隐性形态转

型都有显著的区域差异,这不仅是湖北省自然地理条件差异造成的,更与湖北省社会经济发展的区域差异有显著联系。

人口分布对建设用地转型具有直接作用,当人口集聚数量增加时,人类的生产和生活活动会明显增强,就要更多的建设用地提供居住和公共服务需要。人们的生活、生产、娱乐等多样化需求会直接引导建设用地数量和结构的变化,对建设用地转型具有积极促进作用。

经济发展则是土地利用转型特别是建设用地转型的主要驱动力,不同的经济发展阶段对土地的供需市场、开发技术水平、管理制度等变化具有直接影响,并促进人类的生产和生活服务需求的增长和升级,因此对建设用地利用的数量和结构变化有推动作用,改变建设用地利用的方式、强度和效益。

产业结构变化也是建设用地转型的主要驱动因素。产业结构调整是根据社会经济发展转型的需要对产业结构的升级改造。产业结构的变化会直接改变建设用地利用结构的分配。在工业化和城镇化背景下,建设用地转型应朝着更加规模化、集约化方向发展。

由于官方公布社会经济数据最小统计单元为县级行政单元,大范围更小尺度社会经济数据获取难以实现,因此本研究建设用地转型外生驱动机制评价单元为湖北省经过合并处理的87个县(市、区)。社会经济因素主要选取湖北省2009—2016年人均GDP变化量、人口密度变化量、固定资产投资额变化量、城镇化率变化量、工业总产值变化量、财政支出变化量、二产业比重变化量、三产业比重变化量、农林牧渔产值变化量、粮食产量变化量、城镇居民可支配收入变化量和农村居民可支配收入变化量等12个因子。

5.3.2　驱动因子的可视化

外生驱动因子在建设用地转型过程中决定转型的方向和结果,相对于自然地理影响因子种类相对稳定且易于定量化。本书利用数据处理统计方法,将湖北省2009—2016年人均GDP变化量、人口密度变化量、固定资产投资额变化量、城镇化率变化量、工业总产值变化量、财政支出变化量、二产业比重变化量、三产业比重变化量、农林牧渔产值变化量、粮食产量变化量、城镇居民可支配收入变化量和农村居民可支配收入变化量数据通过ArcGIS的Jion功能链接到湖北省县级行政区矢量图层,以定量化和空间化表示建设用地转型驱动发展因子。其空间分布如图5-3所示。

5.3.3　空间计量回归模型的选择

根据表5-3所示,湖北建设用地转型外生驱动因子OLS分析结果表明,各类建设用地转型的Lagrange Multiplier (lag)的显著性水平都高于Lagrange Multiplier (error),因此,SLM模型更适合建设用地转型形成驱动因子分析。

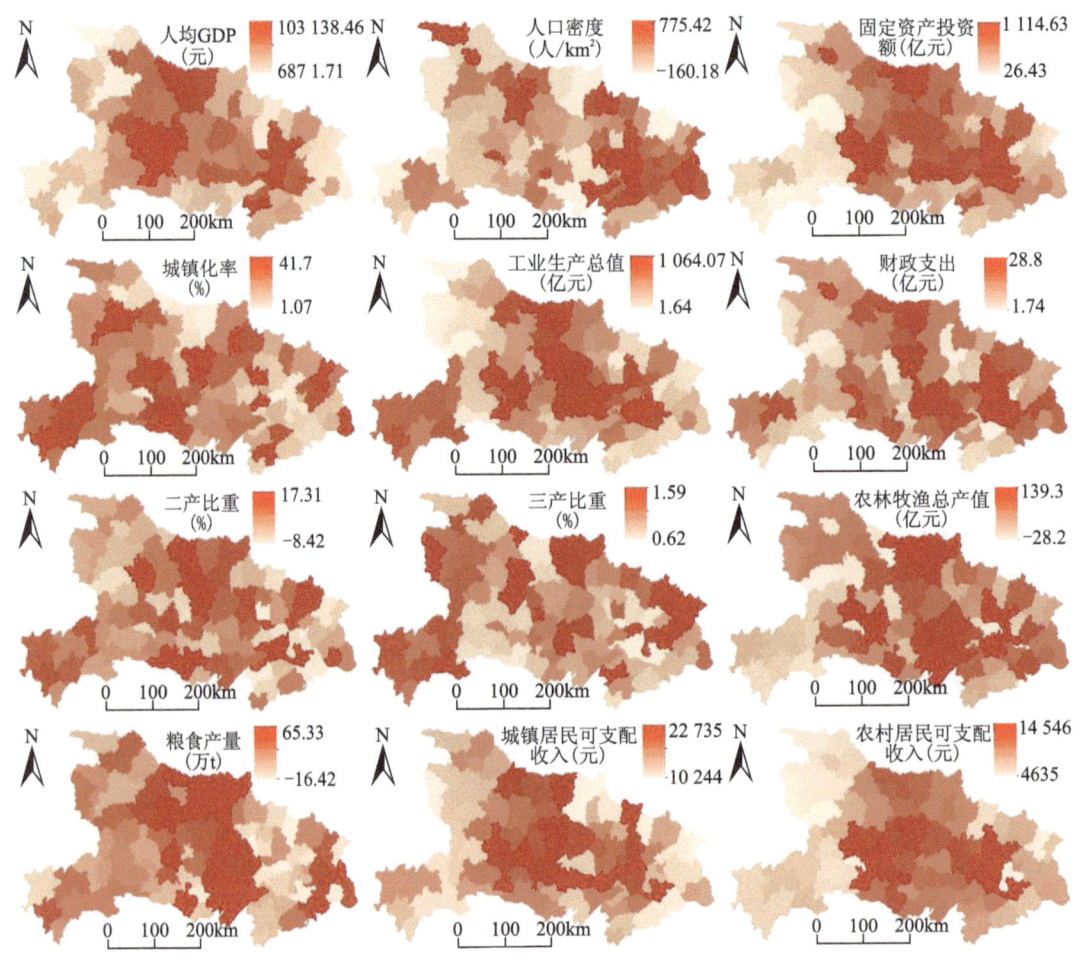

图 5-3 湖北省建设用地转型发展驱动因子定量化空间分布

表 5-3 建设用地转型发展驱动因子空间依赖性检验

空间依赖性检验	城镇建设用地转型	农村建设用地转型	交通建设用地转型	工矿及其他建设用地转型
Lagrange Multiplier(lag)	4.597 2**	3.752 1**	8.412 6**	4.346 7**
Robust LM (lag)	4.949 0**	4.112 4*	5.496 4**	5.455 7**
Lagrange Multiplier(error)	0.397	0.657 2*	3.332 6*	0.084 5
Robust LM (error)	0.748 8	0.484 5	0.416 3	1.193 5

注：* 指在10%置信区间上显著相关，** 指在5%置信区间上显著相关，*** 指在1%置信区间上显著，其他无显著相关性。

5.3.4 转型驱动结果分析

基于SLM模型的湖北省建设用地转型外生驱动因素分析结果如表5-4所示。相对形成驱动因子回归分析结果,发展驱动因子回归分析的 R^2 较高,说明研究期间内各类建设用地转型受社会经济发展等外生驱动因素的影响较大。大部分发展因子和建设用地转型之间呈显著相关性,回归分析结果较为理想。

表 5-4　湖北省建设用地转型形成驱动因子 SLM 分析结果

驱动因子	城镇建设用地	农村建设用地	交通建设用地	工矿及其他建设用地
CONSTANT	0.298 6***	0.540 4***	0.284 5***	0.774 5***
人均 GDP	−0.211***	0.138 8	0.039 2	0.112
人口密度	0.311 5***	−0.236 1**	0.190 9	0.003 5
固定资产投资额	0.546 6***	−0.495 4***	0.293 7**	−0.250 3*
城镇化率	0.111 7**	−0.118 3*	−0.102 3	−0.089 9
工业生产总值	0.049 2	0.163***	0.050 4	−0.067 7
财政支出	−0.252 7*	0.801 4***	−0.204 5	0.242 1
二产业比重	−0.256 7***	−0.117 3*	−0.145 7*	−0.066 5
三产业比重	−0.142 7*	−0.316 5***	−0.173 6	0.030 6
农林牧渔总产值	−0.337 8***	−0.204 4**	−0.230 7**	0.054 8
粮食产量	−0.137 4	−0.157	−0.172 5	0.084 1
城镇居民可支配收入	−0.000 4	−0.181 4**	−0.125 4	−0.191 4**
农村居民可支配收入	0.289 2***	0.126 3*	0.278***	0.120 4
W-Y	0.202 4***	0.174 3***	0.371 7***	0.113 3**
R^2	0.774 5	0.408 1	0.574 5	0.197 3

注:* 指在 10% 置信区间上显著相关,** 指在 5% 置信区间上显著相关,*** 指在 1% 置信区间上显著,其他无显著相关性。

5.3.4.1　城镇建设用地转型

2009—2016 年湖北省城镇建设用地转型受发展驱动因子的影响较显著,主要驱动因素有人均 GDP、人口密度、固定资产投资额、城镇化率、二产业比重、农林牧渔总产值、农村居民可支配收入等。其中人均 GDP、二产业比重和农林牧渔总产值与城镇建设用地转型在 1% 的置信水平上呈显著负相关性,即随着人均 GDP、二产业比重和农林牧渔总产值的增长幅度的增大,城镇建设用地转型幅度降低,这类指标对城镇建设用地转型起抑制作用;人口密度、固定资产投资额、城镇化率和农村居民可支配收入与城镇建设用地转型在一定置信区间水平上都呈显著正相关性,即随着这些指标增长幅度的增大,城镇建设用地转型幅度也会提高,对城镇建设用地转型起促进作用。

5.3.4.2　农村建设用地转型

2009—2016 年湖北省城农村建设用地转型的主要发展驱动因素有人口密度、固定资产投资额、城镇化率、工业生产总值、财政支出、三产业比重、农林牧渔总产值、城镇居民可支配收入等。其中,人口密度、固定资产投资额、城市化率、三产业比重、农林牧渔总产值和城镇居民可支配收入与农村建设用地转型在一定的置信区间水平下呈显著负相关性,即随着这类指标增长幅度的增大,农村建设用地转型幅度降低,对农村建设用地转型起抑制作用;工业总产值、财政支出和农村居民可支配收入与农村建设用地转型在一定的置信区间上呈显著正相关性,即随着这类指标增长幅度的增大,农村建设用地转型幅度也会增加,对农村建设用地转型起促进作用。

5.3.4.3 交通建设用地转型

2009—2016年湖北省城农村建设用地转型的主要发展驱动因素有固定资产投资额、二产业比重、农林牧渔总产值、农村居民可支配收入等。其中二产业比重和农林牧渔总产值与交通建设用地转型在一定置信区间水平上呈显著负相关性,即随着二产业比重和农林牧渔总产值增长幅度的增加,交通建设用地转型幅度会降低,对交通建设用地转型幅度起抑制作用;固定资产投资额和农村居民可支配收入与交通建设用地转型在一定置信区间上呈显著正相关性,即随着固定资产投资额和农村居民可支配收入增长幅度的提高,交通建设用地转型幅度也会增加,对交通建设用地转型起促进作用。

5.3.4.4 工矿及其他建设用地转型

2009—2016年湖北省各类社会经济发展因子对工矿及其他建设用地转型的影响作用较低,只有固定资产投资额和城镇居民可支配收入分别在10%和5%的置信区间水平上呈显著负相关性。这主要是因为工矿及其他建设用地在湖北省建设用地的比重较小,以工矿用地为主的这类建设用地的开发利用主要受区域矿产资源禀赋的影响,主要集中在东南部的黄石市和其他地区的山区,而随着长期的开发利用,工矿用地的开采已经进入平稳期,经济社会发展和自然地理条件对工矿及其他建设用地的转型的影响已经不太显著。

5.4 建设用地转型的政策驱动机制

国家/区域的一系列社会经济发展及土地管理制度和政策主要从宏观尺度用于建设用地转型方向与过程的关键途径与方式,对建设用地利用形态的变化趋势及结果产生直接或间接影响,进而决定了建设用地转型方向及模式。本节主要从经济结构调整、粮食安全制度和城乡统筹发展政策等政策因素对建设用地利用转型的形成和发展的影响进行探讨。

5.4.1 经济结构调整对建设用地转型的影响

经济的发展结构和发展水平决定着土地利用方式与结构,土地利用结构调整必须以经济结构优化为前提。按照经济结构发展的顺序调整建设用地在国民经济各部门的分配,提高建设用地利用率和利用效益,合理利用建设用地,是建设用地转型的方向。

经济结构调整是指国家运用经济的、法律的和必要的行政手段,改变现有的经济结构状况,使之合理化、完善化,进一步适应生产力发展的过程。经济结构是指国民经济的组成和构造,主要包括产业结构(如第一、二、三产业)、城乡结构(农村经济和城市经济)、消费结构、技术结构、劳动力结构等。改革开放以来,经过多年的发展,我国已经成为一个制造业大国,制造业在支撑经济社会发展和人们生活需要的同时,一些产业出现产能过剩、环境污染过重、经济效益较低等现象,经济产业的结构和质量不高,结构不合理。为了解决我国目前发展面临的资源短缺、环境污染、生态破坏等问题,必须改变过去高耗能、高污染的经济发展模式。近年来,湖北省经济增长较快,但社会经济发展水平在全国范围内还处于中等较低水平,人们的衣食住行的各个方面都需要经济的持续增长为基础保障。合理的产业结构和可持续的发展模式是经济增长的基础条件,产业结构升级和经济结构转型是湖北省目前和将来要解决的重要问题,改变以往以制造业为主,走低污染、低能耗的绿色发展道路,实现一、二、三产业协调发展,推动经济产业发展技术改造,大力培育新型战略性产业,实现经济结构向高新技术产业、服务业等方向转变。

随着产业结构由低级向高级调整转型,伴之以土地资源特别是建设用地资源在产业间和区域间的重新分配。土地利用结构和方式取决于社会经济技术合理性、可行性和保障程度,尤其是产业结构和发展水平决定了土地利用结构方式和特点。随着我国工业化和城镇化的不断推进,市场经济体制和经济产业结构不断完善,推进了生产要素流动和资源优化配置,人口、土地资源、资金等不断由农村和农业向城市和非农产业转移,高技术、高附加值产业、服务业等产业结构所占有土地资源特别是建设用地资源比重不断增加,而随着资金和科学技术投入的不断增大,建设用地资源的产出水平和集约利用强度等也不断提高,这些都促进了建设用地转型。同时,在一定范围内,不同的社会经济要素和建设用地资源的组合,塑造了不同的建设用地利用方式,从而使不同地区的建设用地转型具有不同特点。

随着湖北省大力推行"两圈两带"发展战略,根据湖北省不同地区自然资源禀赋和社会经济发展条件进行合理的经济产业结构布局。其中长江沿线和汉江沿线近年来经济发展较快,二三产业发展比重不断提高,从建设用地转型看,这些地区2009—2016年间城镇建设用地和交通建设用地数量和比重都有较大提高。根据湖北省建设用地数量、结构等转型特征来看,城镇建设用地和交通建设用地涨幅较大且比重不断提升,而农村建设用地和工矿及其他建设用地增幅较小,其趋势变缓或呈波动状态,这一特征在经济发展重点区域武汉城市圈和生态保护重点区域鄂西文化旅游圈有明显的差异,这与两个地区采取不同的经济发展战略和产业结构布局调整政策有明显的关系。

5.4.2 粮食安全制度与建设用地转型

粮食安全是经济发展的基础,是国家战略安全的重要组成部分,粮食安全的核心是保护耕地以保障粮食的有效供给。为了保障粮食安全,我国实施了一系列耕地保护政策制度。具体来看,在法律方面,国家通过实施土地管理法、农村土地承包法和基本农田保护条例,建立了最严格的耕地保护制度;在补贴政策方面,取消农业税,实施粮食直补、良种直补、农机具购置补贴和农资综合直补等政策,初步建立了发展粮食生产专项补贴机制和农民收入补贴机制,对稻谷、小麦实施最低收购价政策,稳定粮食市场价格;在风险基金落实方面,通过调整对粮食风险基金的补助比例,实施对产量大县的奖励政策,加大对粮食主产区的转移支付力度。

各项粮食安全政策制度对土地利用转型的影响主要体现在对耕地资源的影响方面,主要表现为对土地利用结构的变化、土地利用集约程度的变化两个方面。随着工业化和城镇化进程不断加快,我国的建设用地规模不断扩张,建设用地扩张主要通过占用耕地资源,因此耕地资源利用变化对建设用地转型也有直接影响。随着国家对粮食安全的重视,实施了严格的耕地保护制度,特别是基本农田保护制度的实施,严格限制了建设用地对耕地的占用,在很大程度上制约了建设用地的快速扩张,促使通过优化用地结构实现经济发展对建设用地的需求。通过建设用地转型的显性形态变化分析结果可知,耕地是湖北省建设用地扩张的主要来源,通过实施耕地保护制度,对耕地的数量和质量进行严格保护,可以限制建设用地的扩张,影响建设用地的供需关系,进而对建设用地转型起到制约和限制作用。近年来湖北省通过实施粮食补贴和财政转移支付制度,农民种粮积极性提高,减少了耕地撂荒现象,也减轻了农村宅基地和其他建设用地对耕地的随意占用。同时,由于耕地保护制度限制了建设用地扩张途径,提高了扩张成本,促使建设用地利用向更加集约的方向发展。随着经济社会发展对建设用地需求的不断提高,建设用地的开发强度不断提高,单位建设用地面积所承受的人员数量、经济产出等不断提高。表现在具体的建设用地类型上主要为高层居住小区、工业区、开发区等集聚产业用地、高级铁路、高速公路等高强度利用地类比例不断提升。因此通过粮食安全制度的实施对耕地资源的保护,不仅从数量上影响了建设用地的转型,而且对建设用地利用强度也会产生影响。

5.4.3 城乡统筹发展政策与建设用地转型

城乡统筹发展,是中央提出的科学发展观的重要组成部分。统筹城乡发展,就现阶段而言,就是要加快推进城乡一体化,打破城乡二元结构,让广大城乡居民共享现代文明成果,形成以工促农、以城带乡、城乡协调发展的新格局(陈锡文,2005)。城乡统筹的基础在于对城乡土地资源的合理利用。随着城乡统筹发展战略的提出,国家和地方政府相继出台了一系列与城乡土地利用直接相关的政策,如建设用地增减挂钩政策、新农村建设政策等。

5.4.3.1 城乡建设用地增减挂钩政策

目前,土地资源已经成为制约社会经济发展的瓶颈,为了缓和建设用地供需矛盾,推动新农村建设促进社会经济的可持续发展,中央提出了"鼓励农村建设用地整理,城镇建设用地增加要与农村建设用地减少相挂钩",并在《关于印发(关于规范城镇建设用地增加与农村建设用地减少相挂钩试点工作的意见)的通知》(国土资发〔2005〕207号)中出台了城镇建设用地增加与农村建设用地减少相挂钩(简称"增减挂钩")土地利用政策。城乡建设用地增减挂钩政策的实施,有效地解决了当前城镇化和工业化加速期城市建设用地紧张的矛盾。在保证城乡建设用地总量不增加的同时,确保了耕地总量不减少。在确保各类土地面积平衡的基础上实现增加有效耕地面积,提高耕地质量,节约集约利用建设用地的效果,使农村建设用地在数量上不断向城市建设用地转移,提高了建设用地集约利用水平,实现了其结构的优化调整,促进了建设用地利用转型。从湖北省建设用地转型特征分析结果看,目前湖北省城镇建设用地和农村建设用地整体上尚未实现增减挂钩,城镇建设用地扩张还是以占用农用地和生态用地为主,农村建设用地面积整体上也在保持增长,"增减挂钩"政策执行效果并不理想。但"增减挂钩"政策作为城乡建设用地利用的导向性因子,对城乡建设用地利用的数量和空间布局起到引导和调控作用。在该类政策的作用下,湖北省农村建设用地扩张规模已出现明显放缓,湖北省部分地区特别是中部的江汉平原农村建设用地集中区,农村建设用地规模已经开始减少,"增减挂钩"政策对建设用地数量、结构、布局等形态的转型的影响已经显现。

5.4.3.2 新农村建设政策

党的十六届六中全会把建设社会主义新农村提到"我国现代化建设进程中的重大历史任务"的战略高度。新农村建设的任务是实现农村的"生产发展、生活宽裕、乡风文明、村容整洁、管理民主"。我国在实施新农村建设过程中面临很多土地利用问题,特别是农村土地空心化问题。我国很多农村在城镇化发展过程中因为人口的大规模外流而产生农村聚落"外扩内控"现象(王成新等,2005),而随着人口的外流,过疏化问题逐渐出现,农村土地的空心化问题随之而来。一方面,农村住宅空间结构的外向化趋势造成农村内部大量农宅日趋老化甚至被废弃,农村中心地区景观出现衰败;另一方面,在村庄发展过程中往往出现建新不拆旧,新建房空置现象(刘彦随等,2009),造成农村地区有限的建设用地资源被严重浪费。湖北省农村建设用地转型特征分析结果显示湖北省农村建设用地面积增长趋势放缓,很多地区建设用地规模都有一定的缩减,但农村建设用地转型与农村转出农业人口之间脱钩关系以强脱钩为主,即普遍存在"人走房不拆"现象,农村建设用地利用整体比较粗放。

随着新农村建设政策的实施,国家和地方政府都加大了对农村建设用地的土地整理,改造旧村庄和整治"空心村",归并农村居民点,引导农民向中心村集中进而实现农村整体生态环境的改善,并修建沟渠道路和农田水利设施,在提高了农村建设用地的利用效率的同时实现了农民生产和生活条件的改善。社会主义新农村建设背景下的建设用地利用模式强调对建设用地结构的合理调整,制定土地利用规划,保护基本农田以实现建设用地的合理开发。在新农村建设过程中,既需要为农村社会经济发展留下足够多的发展空间,同时也需要控制建设用地规模,避免对耕地的无序占用。在此情况下,为了合理有效地实现规划目标,一方面需要科学合理地预测建设用地的规模,根据农村实际建设用地的需求量来提取建设用地量;另一方面需要加强土地的用途管制,通过严格的审批程序使农村建设用地使用更加合理。新农村建设政策除了能提升农村风貌,改善农村居住环境外,对建设用地转型也能起到积极的引导和调控作用。从湖北省农村建设用地转型与农村转出农业转移人口脱钩关系变化情况看,农村建设用地利用的人地关系已经向规模缩减、集约利用强度提高的转型方向改变,随着时间的延长和政策作用范围的扩大,相关政策驱动因素对建设用地转型作用会更加显著。

5.5 本章小结

本章从建设用地转型内生驱动机制、外生驱动机制和政策驱动机制 3 个方面对建设用地转型驱动机制进行了深入分析和探讨。首先,根据建设用地转型内外系统要素的交互作用,将建设用地转型驱动因素分为可定量化的内生驱动因素、外生驱动因素,定性分析的政策驱动因素。在此基础上,从区位条件、交通条件、水文条件、地形地貌条件等选取9个建设用地转型内生驱动因素;从人口、经济、城市化、产业结构、农业发展、居民收入等方面选取了12个建设用地转型外生驱动因素,分别从乡镇和县域尺度利用空间计量经济回归模型进行了建设用地转型的驱动力定量分析,然后从经济结构调整、耕地保护制度、城乡统筹发展政策等方面探究了建设用地转型的政策驱动机制,揭示了不同因素对建设用地转型的作用,并进行了详细剖析。具体结论如下:

(1)从建设用地内生驱动机制看,多数驱动因子的回归系数呈显著相关性,而工矿及其他建设用地转型的R^2较低,各类驱动因子对工矿及其他建设用地转型影响作用较低。其中,到市中心距离、到县中心距离、到省道距离和到主要河流距离等驱动因子分别与城镇建设用地转型呈显著负相关性,即与这些驱动因素空间距离越近,城镇建设用地转型幅度越大,高程和坡度与城镇建设用地转型分别呈显著正相关性和显著负相关性;农村建设用地转型的主要内生驱动因素是到县中心距离、到铁路距离和到主要河流距离,这3个驱动因子均与农村建设用地转型呈显著负相关性,即距县中心、铁路和主要河流越近,农村建设用地转型幅度越大;交通建设用地转型的主要形成驱动因素是到市中心距离、到县中心距离、到国道距离、到省道距离和坡度等,这些因素与交通建设用地转型呈显著负相关性;工矿及其他建设用地驱动力分析的R^2值较低,分析结果对观测值的拟合度较低,表明大部分形成因子对工矿及其他建设用地的转型影响不大。

(2)从建设用地转型外生驱动机制来看,外生因素对2009—2016年湖北省建设用地转型的解释能力较强,表明在短期内,建设用地转型主要受社会经济发展等发展因子的影响。从具体建设用地类型看,各类驱动因子对城镇建设用地转型和交通建设用地转型解释能力较强,多数因子都和这两类建设用地转型呈显著相关性,对农村建设用地转型解释能力较弱,各类驱动因子和工矿及其他建设用地转型缺少在高置信区间的显著性。其中城镇建设用地转型的主要驱动因素人均GDP、人口密度、固定资产投资额、二产业比重、农林牧渔总产值、农村居民可支配收入等;农村建设用地转型的主要驱动因素是城镇化率、工业生产总值、财政支出、农村居民可支配收入等;交通建设用地转型的主要驱动因素是固定资产投资额、二产业比重、农林牧渔总产值、农村居民可支配收入等;工矿及其他建设用地转型影响因子较少,只有城镇居民可支配收入等对工矿及其他建设用地转型具有一定的影响作用。

(3)建设用地转型政策驱动机制。社会经济发展及土地管理制度和政策主要从宏观尺度用于建设用地转型方向与过程的关键途径与方式,对建设用地利用形态的变化趋势及结果产生直接或间接影响,进而决定了建设用地转型方向及模式。如产业结构由低级向高级调整转型,会引导是建设用地资源在产业间和区域间的重新分配,使建设用地转型在不同地区的数量、结构和布局呈现不同的转型特征;耕地保护制度则通过对耕地资源数量和质量的严格约束进而影响区域建设用地的供需条件,从而促进建设用地利用向优化结构、提高集约利用强度方向转型;增减挂钩、新农村建设等城乡统筹发展政策通过对城乡建设用地资源的统筹安排和整理重构,可以调整建设用地结构,优化建设用地的转型方向。

第6章 建设用地转型的优化调控研究

6.1 研究思路

土地是人类社会赖以生存和发展的重要基础,而建设用地则是承载人类非农经济生产获得的主要场所,建设用地供应为我国社会经济发展作出了巨大贡献。在城镇化快速推进,社会经济快速发展的背景下,建设用地管理问题始终是理论研究的热点、公共政策的难点和土地管理的核心。现阶段,我国社会经济发展对建设用地的刚性需求与资源供给的高度稀缺之间形成了尖锐的矛盾,如何提高建设用地利用和管理效率是我国未来发展亟待解决的重要命题。目前我国许多地区土地开发强度已经接近甚至突破国际警戒线,社会经济发展的资源环境约束日益凸显,未来必须转变经济增长方式,走集约型发展道路;完善土地管理方式,合理配置土地资源,优化土地利用结构,充分为工业化、城镇化的健康发展提供必需的资源保障。

实现资源的优化配置是保障社会经济健康持续发展的重要实现途径,对建设用地利用形态时空格局进行优化,合理控制建设用地的数量、结构、空间布局、投入强度等是实现建设用地资源优化配置的重要方式。建设用地转型受区域自然环境和社会经济发展的影响,具有复杂性、不确定性和阶段性等特征,不同的转型模式对区域粮食生产安全和生态环境保护也会产生重大影响。因此优化和调控建设用地转型模式,对合理利用土地资源、促进社会经济发展和保护区域生态功能具有重要意义。

在前面章节,对湖北省建设用地转型的特征、过程和机理进行了深入分析和讨论,但还未涉及建设用地转型优化调控,即"存在什么问题,实现什么目标,基于什么原则,采取什么措施,通过什么途径进行建设用地转型优化调控",以实现建设用地资源优化配置,保障建设用地转型朝着社会、经济和生态可持续发展的方向发展。鉴于此,本章基于"问题—目标—原则—分区优化—政策调控"的步骤开展建设用地转型优化调控研究,科学引导建设用地转型,因地制宜地提出差异化的优化和调控措施,为实现区域建设用地资源优化配置,提高建设用地利用效益,保障区域社会、经济和生态的可持续发展提供参考,为完善相关土地管理制度设计提供思路。具体研究框架如图 6-1 所示。

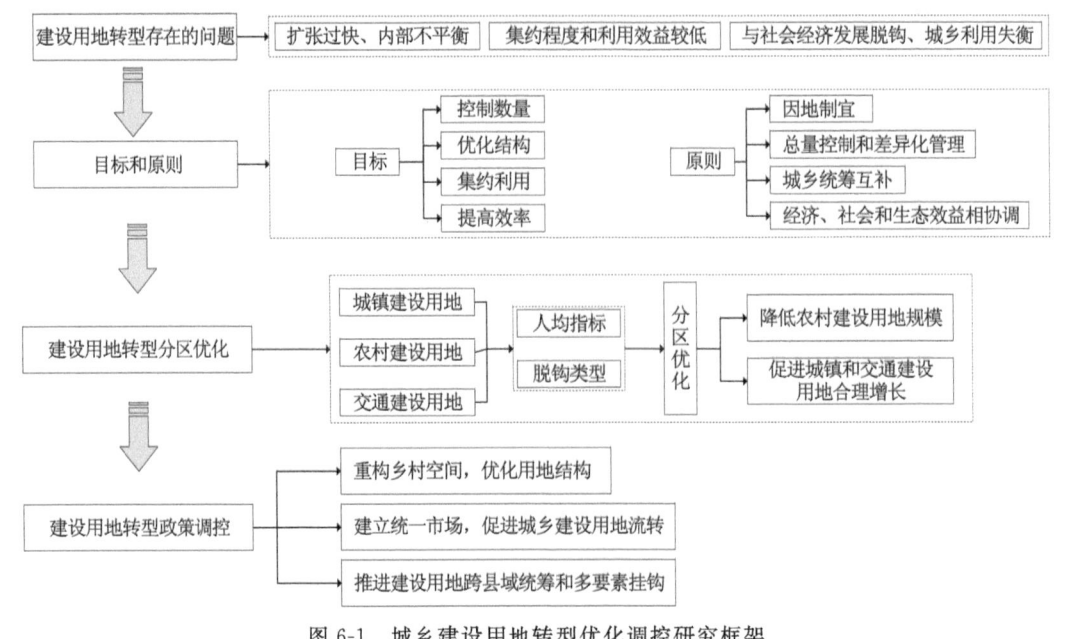

图 6-1　城乡建设用地转型优化调控研究框架

6.2　建设用地转型优化调控存在问题

6.2.1　建设用地规模扩张过快，内部发展不平衡

快速城镇化地区由于国内外资本的快速投入和集中，第二、三产业特别是工业化的迅速发展，必然带来建设用地的旺盛需求。虽然我国长期实行"单一口子"的供地政策，但由于市场机制不够完善，市场对土地资源的基础配置功能未能充分发挥，建设用地供应未能全面反映、满足和引导需求。在当前我国相关法制不甚完善的背景下，由于经济利益的刺激，快速城镇化地区普遍滋生土地隐性市场，最终导致城乡建设用地规模失控，人为加剧了用地矛盾。

根据湖北省2009—2016年建设用地显性形态转型结果显示，湖北省建设用地规模急剧扩张，建设用地面积由 12 504.42km² 增长到 14 327km²，7年间增长了 14.58%，占湖北省土地面积比例由 2009 年的 6.72% 逐渐增长到 2016 年的 7.71%。近年来，随着湖北省产业逐步升级、经济发展质量提高和土地管理制度的加强，建设用地扩张的速度有所减慢，但建设用地供需矛盾依旧突出，建设用地扩张与耕地、生态保护之间的矛盾未能根本解决。

建设用地规模扩张内部差异非常显著。湖北省各类建设用地结构比例大小顺序是：农村建设用地＞城镇建设用地＞交通建设用地＞工矿及其他建设用地，但 2009—2016 年各类建设用地面积扩张情况不同，其中交通建设用地和城镇建设用地扩张速度最快，分布扩张了 66.50% 和 44.62%，农村建设用地和工矿及其他建设用地面积扩张幅度较小，分别为 2.08% 和 1.88%。从数量上看，城镇建设用地扩张规模最大，共增长了 1 236.17km²，城镇建设用地扩张速度明显大于城市人口增长速度。而随着城镇化的推进，农村人口数量在不断建设，但农村建设用地面积不但没有下降，反而在 2009—2016 年间增长了 176.41km²。从人地关系看,湖北省城乡建设用地规模和结构的变化和城乡人口变化明显不匹配,城乡土地利用的失衡导致了湖北省城乡建设用地综合效益降低,建设用地结构需作重大调整。

6.2.2 集约程度偏低,建设用地效益有待提升

我国人多地少,土地资源特别是耕地资源紧缺,为了保障粮食生产和保护生态环境,我国城镇化发展必须走集约用地、节约用地道路,避免粗放用地和浪费土地。然而,在快速城镇化过程中湖北省仍然普遍存在着建设用地规模过大,尤其是城镇建设用地规模过大扩张,城市用地和农业用地之间的矛盾尖锐等问题。同时,农村建设用地规划严重滞后,用地功能散乱,在城镇化和工业化进程中,农村居民点等建设用地非但没减少,还有明显的扩张趋势,土地浪费严重。

建设用地粗放利用还表现在建设用地的经济效益和集约强度上。湖北省城镇建设用地经济效益在2009—2016年虽然有了明显增长,地均二三产业增加值由每4.03亿元/km² 增长到7.15亿元/km²[1],增长了1.77倍,但相对于全国同期水平的4.34亿元和7.21亿元,城镇建设用地经济效益还较低。同时人均城镇建设用地面积在2009—2016年间由105m²/人增长到117.18m²/人,并在2013年超过了国家规定的110m²/人的控制线,集约利用强度不断降低。农村建设用地地均一产业产值由2009年的0.21亿元/km² 增长到2016年的0.42亿元/km²,但增长趋势有放缓迹象,并且空间差异明显,中部和西部的大部分地区的经济效益都较低。湖北省人均农村建设用地面积在2009—2016年间持续增长,由273.95m² 增长到350.31m²,明显高于国家指导的150m² 的标准,也高于同期全国的267.96m² 和325.57m²[2],农村建设用地利用比较粗放。从建设用地经济效益和集约强度的变化趋势来看,湖北省建设用地利用效益较低且粗放,集约强度和综合效益还有待进一步提高,这是湖北省建设用地转型的重点方向。

6.2.3 建设用地利用与社会经济发展脱钩,城乡土地利用失衡

通过湖北省建设用地转型和社会经济发展耦合分析,湖北省城镇建设用地转型、农村建设用地转型和交通建设用地转型与相应社会经济发展要素之间都存在一定程度的脱钩情况。

随着城镇化的发展,2009—2016年间湖北省各个城市吸纳了大量的农村转移人口,而城市建设用地面积也大幅度增长。从城镇建设用地和城市吸纳农业转移人口的脱钩关系来看,湖北省整体属于弱脱钩类型,即城镇建设用地扩张速度大于城镇吸纳农业转移人口速度,城镇建设用地面积过快扩张。湖北省大部分地区农村建设用地转型与农村转出人口之间脱钩关系则属于强脱钩类型,即农村农业人口持续转出导致农业人口减少,但农村建设用地持续保持增长。农村人口虽然大量进城,但农村建设用地特别是宅基地不但没有减少,还有一定

---

[1] 根据全国数据源于国家统计局网站(http://data.stats.gov.cn/easyquery.htm?cn=C01)和国土资源部土地调查成果共享应用服务平台(http://tddc.mlr.gov.cn/to_Login)公布数据计算得到。

[2] 根据全国数据源于国家统计局网站(http://data.stats.gov.cn/easyquery.htm?cn=C01)和国土资源部土地调查成果共享应用服务平台(http://tddc.mlr.gov.cn/to_Login)公布数据计算得到。

幅度增加,由于缺乏农村人口进城后留下的空置宅基地流转或退出机制,导致农村空心化严重。交通建设用地作为保障区域经济社会发展的基础设施用地,湖北省交通建设用地转型与区域经济增长之间长期属于扩张负脱钩类型,即经济增长的速度大于交通建设用地面积增长的速度,今后应继续加强交通运输设施建设,加强交通设施建设用地对经济社会发展的推动作用。从湖北省各类建设用地转型与社会经济发展脱钩关系看,在保障当前社会经济稳定发展的前提下,如何控制城镇建设用地过快增长、降低农村建设用地比例、加强交通建设用地建设是湖北省今后建设用地转型调控优化的方向。

6.3 建设用地转型优化调控目标与原则

6.3.1 建设用地转型优化目标

建设用地转型优化的目标,就是在特定的社会经济发展背景下,通过实施一系列的政策、经济、技术等手段,改善建设用地利用现状,解决建设用地利用存在的问题,使建设用地利用朝着更加优化的方向转型。

建设用地转型优化调控首先是结合相关分析和区域特点,通过规划计划、制度政策、技术方法等手段实现建设用地数量的有效控制、利用结构的优化、集约利用水平的提升和产出能力的增加,然后从数量、结构、效益等方面通过设定一定控制目标实现建设用地高效集约和可持续利用,最终达到建设用地利用效益显著、空间格局合理、城乡发展协调并保证国家粮食生产安全和区域生态环境良好的局面(图6-2)。

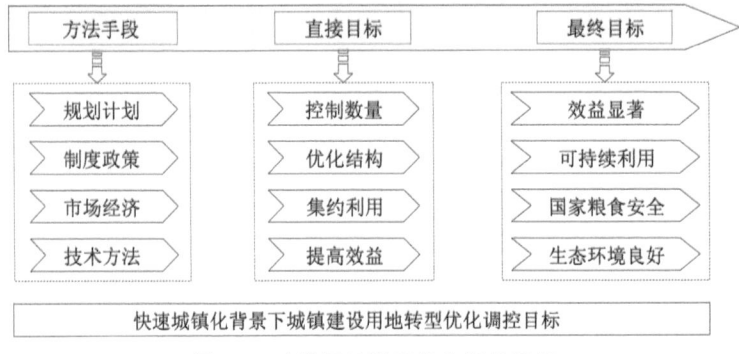

图 6-2 建设用地转型优化调控目标

6.3.2 建设用地转型优化调控原则

建设用地转型优化调控除了要实现建设用地利用效益最大化之外,还要结合区域自身特点和发展条件,同时要符合国家或区域发展战略,在满足土地资源可持续利用、粮食和生态安全等前提下,实现建设用地利用转型。建设用地转型优化调控应遵循以下几方面原则。

6.3.2.1 因地制宜原则

不同地区有各自不同的自然和社会经济背景和发展条件,其发展目标和区域功能定位也不同,区域差异明显。政府在进行建设用地转型优化调控时,应该在保障国家和区域战略及社会经济稳定发展的前提下,依据可持续发展理念,充分发挥区域特色,因地制宜,针对不同地区设定不同的、差异化的建设用地转型目标和模式,全面优化建设用地利用数量和结构,提高建设用地利用效益,保护区域耕地资源和生态环境,实现社会、经济和生态系统的统一,实现区域的可持续发展。

6.3.2.2 城乡统筹互补原则

城乡建设用地各具特色,在进行建设用地转型优化调控时,应充分考虑城乡区域功能、目标的实现,城乡之间是否协调互动共同发展,推动城乡一体化发展,实现土地利用结构和布局上的统筹兼顾,合理调配土地,实现区域土地供需持续平衡,确保土地生产力的持续性和稳定性,做到"地尽其用",优化配置城乡建设用地资源,促进城市和农村的协调发展。

6.3.2.3 经济、社会和生态效益相协调原则

建设用地利用承担着生活和生产功能,是区域进行物质资料生产和各项经济活动开展的基本场所,具有重要的经济功能。同时建设用地利用对保障地区粮食安全和社会稳定功能,并对区域生态安全产生重要影响,具有维护生态系统稳定的生态功能。因此在建设用地利用转型过程中,应充分考虑保障粮食生产安全、维持生态系统稳定、促进区域经济发展等多种效益,制定相应的建设用地转型优化调控政策,实现地区经济、社会和生态效益的协调统一。

6.4 建设用地转型分区优化

建设用地转型分区优化是通过分析不同建设用地类型转型特征,选取相应的指标,以县级行政区为单元,将湖北省划分为不同区域,在建设用地总量控制前提下,差别化地制定不同管理措施。

通过前面章节对湖北省2009—2016年建设用地转型分析可知,交通建设用地增长较快,是湖北省建设用地增长的主要组成部分,并占用了大量的耕地、林地等土地资源。以往建设用地优化调控主要考虑城镇建设用地和农村建设用地,缺少对交通建设用地的考虑。本书将城镇建设用地、农村建设用地和交通建设用地等多种建设用地类型作为整体,通过合理分区,利用土地整理的手段使低效利用和闲置的农村建设用地转化为耕地和生态用地等,降低农村建设用地规模,结余建设用地指标,然后按照规划计划安排给新增城镇建设用地和新增交通建设用地,在保持城镇建设用地和交通建设用地合理增长的同时,达到建设用地总量控制和集约高效利用,并保护耕地和生态用地等土地资源,以达到保障粮食生产和生态安全的目的,最终实现合理的建设用地转型(图6-3)。

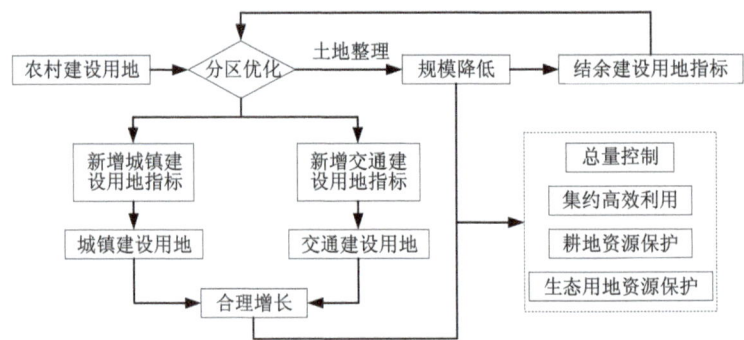

图 6-3 建设用地转型分区优化途径

6.4.1 城镇建设用地转型分区优化

随着城镇化进程的加快,城镇建设用地扩张速度不断提高,并引发一系列的社会经济及生态问题,如何科学合理地配置新增城镇建设用地和提高建设用地利用效益,成为当前土地利用规划和城市管理需关注的核心问题之一。

人均建设用地面积是反映土地利用强度的重要指标,是建设"资源节约型和环境友好型"社会的重要土地利用指导标准。根据住房和城乡建设部在 2012 年发布的《城市用地分类与规划建设用地标准》,湖北省人均城镇建设用地面积控制标准是 110m²,超过这个标准,建设用地利用就可以认为是不够集约的。如图 6-4 所示,从湖北省人均城镇建设用地面积来看,湖北省大部分县级单元(65/87)的人均城镇建设用地面积在 2009—2016 年间都有所下降,建设用地利用集约度有所提高,但在 2016 年仍有 48 个县级单元的人均城镇建设用地面积超过了 110m² 的国家标准,特别是东部的很多经济发展水平较高地区,其城镇建设用地利用还比较粗放。

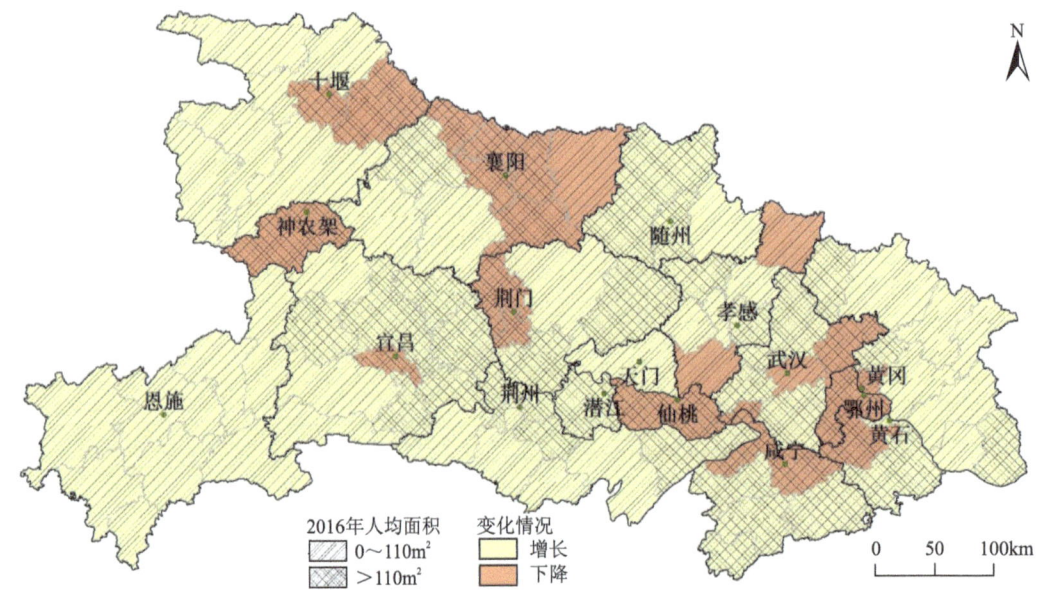

图 6-4 2016 年湖北省人均城镇建设用地面积及变化情况

第 6 章　建设用地转型的优化调控研究

城镇化进程中由于城市经济的快速发展和人口数量的增长,城镇建设用地的扩张是必然的,但城镇建设用地扩张必须是可控制的,如何防止城镇建设用地无序扩张导致土地利用效益低下并合理安排城镇建设用地指标是城镇建设用地转型优化调控要解决的重要问题。根据湖北省县级单元人均城镇建设用地面积变化情况及城镇建设用地转型与城市吸纳农业转移人口的脱钩类型,本书将湖北省城镇建设用地利用转型分为集约加强区、集约退化区、粗放改善区和粗放加剧区 4 种类型(表 6-1)。

表 6-1　城镇建设用地转型优化分区及策略

类型	人均用地面积	脱钩类型	数量(个)	转型策略
集约加强区	$S_{2009}>S_{2016}$ $S_{2016}<S_{stan}$	扩张耦合,扩张负脱钩	35	优先供给新增用地,适当增加城镇建设用地数量,保持和优化建设用地结构
集约退化区	$S_{2009}<S_{2016}$ $S_{2016}<S_{stan}$	强脱钩,弱脱钩,扩张耦合	4	逐步减少新增用地,抑制城镇建设用地过快增长,优化建设用地结构和布局
粗放改善区	$S_{2009}>S_{2016}$ $S_{2016}>S_{stan}$	弱脱钩,扩张耦合	30	限制新增用地供给,优化用地结构,加强城镇建设用地强度
粗放加剧区	$S_{2009}<S_{2016}$ $S_{2016}>S_{stan}$	扩张耦合,扩张负脱钩	18	禁止新增建设用地供给,盘活存量建设用地,重点优化建设用地结构布局

注:S_{2009} 为 2009 年人均城镇建设用地面积;S_{2016} 为 2016 年人均城镇建设用地面积;S_{stan} 为人均城镇建设用地面积国家控制标准。

集约加强区共有 35 个县级单元,2016 年人均城镇建设用地面积小于国家 110m² 的控制标准,城镇建设用地利用较为集约,且人均城镇建设用地面积在 2009—2016 年间持续降低,城镇建设用地扩张速度小于或接近于城市吸纳的农业转移人口,城镇建设用地利用方式具有可持续性;集约退化区共有 4 个评价单元,2016 年人均城镇建设用地面积小于国家 110m² 的控制标准,城镇建设用地利用较为集约,城镇建设用地扩张速度大于或接近于城市吸纳农业转移人口速度,且人均城镇建设用地面积在 2009—2016 年间有所增长,城镇建设用地利用趋于粗放,城镇建设用地利用方式不可持续;粗放改善区共有 30 个县级单元,2016 年人均城镇建设用地面积大于国家 110m² 的控制标准,城镇建设用地利用较粗放,城镇建设用地扩张速度大于或接近于城市吸纳农业转移人口速度,但人均城镇建设用地面积在 2009—2016 年间有所降低,土地利用趋于集约,城镇建设用地利用粗放方式有所改善;粗放加剧区共有 18 个县级单元,2016 年人均城镇建设用地面积大于国家 110m² 的控制标准,城镇建设用地利用较为粗放,而且人均城镇建设用地面积在 2009—2016 年间有所增长,城镇建设用地利用粗放方式更加恶化,是今后建设用地扩张重点限制区域。

如图 6-5 所示,集约加强区主要位于西部十堰市、恩施州等地以及东北部的黄冈市地区,这些地区大部分属于多山地带,可供开发利用的建设用地资源较少,城市建设用地利用集约水平较高,今后可以适当放宽城市建设用地供给,通过对新增城市建设用地进行结构和布局的优化进一步提高城镇建设用地集约水平,实现城市建设用地转型的优化;集约退化区主要有中部的枣阳市、大悟县、汉川市和武汉城区4个地区,这些地区城镇建设用地虽然还相对集约,但集约水平在下降,今后应适当减少新增城镇建设用地的供给,抑制城镇建设用地过快增长,通过城镇建设用地数量控制和优化,实现城市建设用地利用集约水平的稳定和提升;粗放改善区主要集中在中部和东部地区,这些地区社会经济发展水平较高,土地开发自然条件优越,但长期存在城镇建设用地无序开发和粗放利用,集约水平有所改善,今后应进一步限制城镇建设用地供给,并逐步优化城镇建设用地结构和布局,提升城镇建设用地利用强度;粗放加剧区主要位于中部的襄阳市、荆门市及武汉市周边地区,这些地区城镇建设用地利用相对粗放,今后应加强城镇建设用地管理,禁止新增建设用地供应,城镇建设用地利用以盘活存量用地为主,重点进行城镇建设用地结构和布局的优化,提升城镇建设用地利用集约水平。

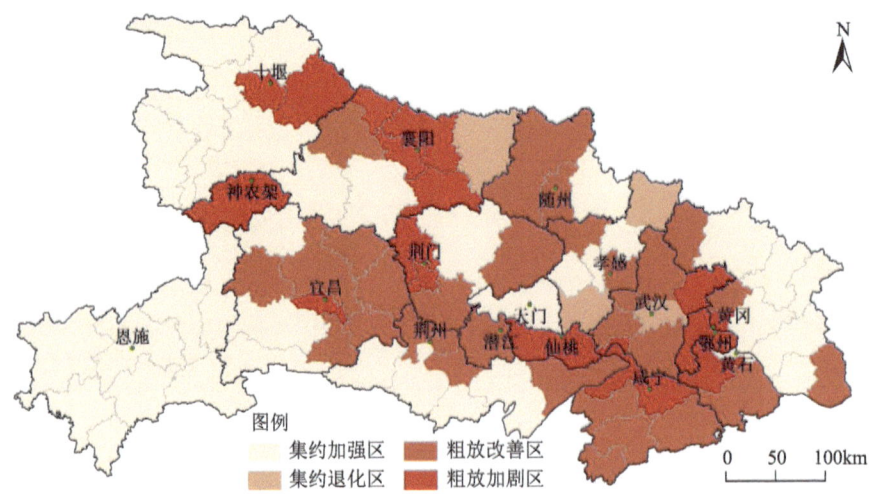

图 6-5 湖北省城镇建设用地转型优化分区格局

6.4.2 农村建设用地转型分区优化

我国长期存在农村建设用地规模过大、布局分散、利用粗放等问题。随着城镇化发展,大量农村人口转移到城市,但是农村人口的转移并未带动农村建设用地的减少,总量反而仍在增加。合理地减少农村建设用地规模,优化农村建设用地布局,可以在建设用地总量控制下,为城镇建设用地和交通建设用地增长提供供给途径,这是建设用地转型优化调控的重要方向。

如图 6-6 所示,2016 年湖北省大部分地区(85/87)人均农村建设用地面积超过了 150m² 的国家指导标准,并且在 2009—2016 年间大部分县级单元(73/87)的人均城镇建设用地面积在 2009—2016 年间都有所增长,农村建设用地利用粗放。如图 6-5 所示,将湖北省 2016 年人均农村建设用地面积由低到高分为 4 个等级,建设用地利用较为粗放的地区主要集中在中部地区,特别是襄阳市、荆门市部分地区的人均农村建设用地面积都超过了 300m²,西部和东部地区农村建设用地利用相对集约。湖北省农村建设用地利用水平总体较为粗放,通过一定工程技术手段进行整理优化,能够节省大量建设用地面积,为保障城市和交通等建设用地的增长需求,实现建设用地总量控制提供基础支撑。

第 6 章 建设用地转型的优化调控研究

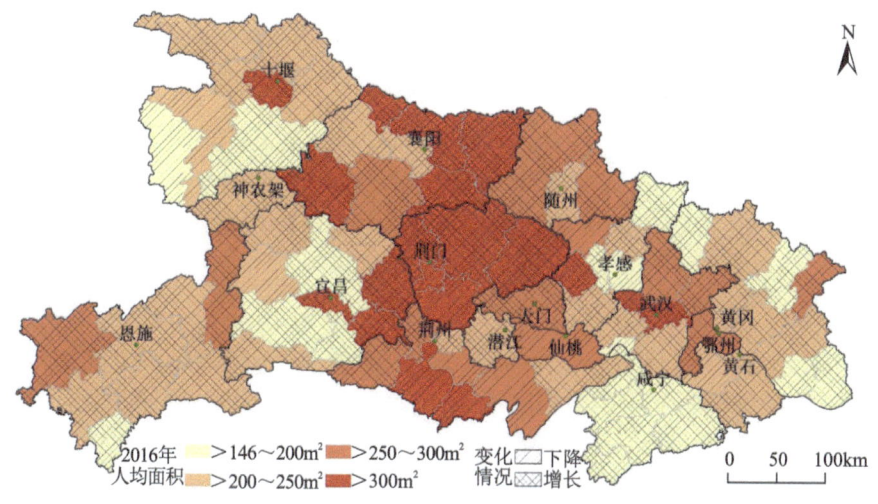

图 6-6 2016 年湖北省人均农村建设用地面积及变化情况

随着城镇化发展,农村人口大量转移到城市,为了合理利用土地资源,提高建设用地集约利用水平,农村建设用地应随着农村人口的减少而减少。如何合理安排农村建设用地整理,减少农村土地资源浪费,释放建设用地利用指标是农村建设用地转型优化调控的重要任务。根据湖北省县级单元 2016 年人均农村建设用地面积及 2009—2016 年变化情况,并结合农村建设用地转型和农村转出人口之间的脱钩关系,将湖北省农村建设用地转型分为合理优化区、加强整理区和深度挖潜区 3 种类型(表 6-2)。

表 6-2 农村建设用地转型优化分区及策略

类型	人均用地面积	脱钩类型	数量(个)	转型策略
合理优化区	$S_{2016}<200\mathrm{m}^2$	强脱钩,衰退脱钩	20	合理优化农村建设用地结构和布局,提高建设用地利用集约水平
加强整理区	$200\mathrm{m}^2<S_{2016}<300\mathrm{m}^2$ $S_{2016}>300\mathrm{m}^2$ $S_{2009}<S_{2016}$	强脱钩,衰退脱钩	52	加强农村建设用地整理,控制用地增长,逐步腾退闲置建设用地
深度挖潜区	$S_{2009}<S_{2016}$ $S_{2016}>300\mathrm{m}^2$	强脱钩	15	严格限制农村建设用地扩张,加大对闲置和浪费的建设用地整理力度,深度挖掘建设用地结余潜力

注:S_{2009} 为 2009 年人均农村建设用地面积;S_{2016} 为 2016 年人均农村建设用地面积。

合理优化区共有 20 个县级单元,2016 年人均农村建设用地面积处于 $200\mathrm{m}^2$ 以下的较低水平,农村建设用地利用相对集约;加强整理区共有 52 个县级单元,2016 年人均农村建设用地面积处于 $200\sim300\mathrm{m}^2$ 的较高水平,或者人均面积高于 $300\mathrm{m}^2$ 但在 2009—2016 年有所降低,这类地区农村建设用地利用较为粗放;深度挖潜区共有 15 个县级单元,2016 年人均农村建设用地面积大于 $300\mathrm{m}^2$,且在 2009—2016 年间持续增长,农村建设用地利用低效粗放。

如图 6-7 所示,合理优化区主要位于湖北省东部的咸宁市和黄冈市部分地区以及西部的宜昌市和十堰市部分地区,这些地区多数位于山地丘陵地区,农村建设用地规模较小,人均建设用地面积相对较低,今后农村建设用地转型主要方向是合理优化用地的结构和布局,适度提升农村建设用地的集约水平和居住环境;加强整理区广泛分布于中部以及东部的武汉市、鄂州市和西部的恩施州和十堰市部分地区,这些地区农村建设用地规模较大,土地利用较为粗放,今后应控制农村建设用地的扩张,逐步实施农村建设用地的整理工作,合理清退闲置废弃农村宅基地,适当减少农村建设用地规模,提高农村建设用地利用效益和集约强度;深度挖潜区主要集中在中部的襄阳市、荆门市和十堰市部分地区,这些地区人均农村建设用地规模过大且还在持续增长,农村建设用地利用粗放低效,今后应严格限制农村建设用地扩张,加大对闲置和超标使用的农村建设用地的整理,是今后实施城乡建设用地"增减挂钩"等政策农村建设用地整理清退的重点区域,应深度挖掘农村建设用地整治和集约潜力。

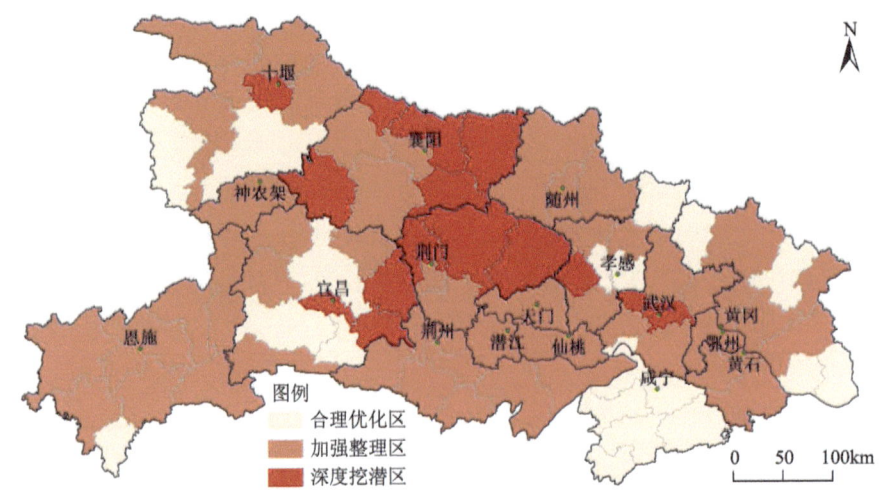

图 6-7 湖北省农村建设用地转型优化分区格局

6.4.3 交通建设用地转型分区优化

交通运输事业既是国民经济和社会发展的一项基础性产业,也是区域经济增长的重要组成部分和关键性支撑。由于交通运输条件的好坏能直接影响到区域经济发展的速度和社会的繁荣稳定,因此要满足不断增长的交通运输需求和社会经济发展要求,保证社会经济健康稳定发展,就必须加快交通运输基础设施建设。但是交通基础设施建设需要占用大量土地,而我国土地资源紧张态势十分严峻。如何在土地资源日益紧张有限的情况下,通过合理的交通建设用地转型优化布局,提高建设用地集约利用水平,确保交通运输事业的稳定发展具有十分重要的理论意义和实践价值。

根据湖北省第二次全国土地调查和 2010—2016 年土地利用年度变更调查成果统计显示,湖北省人均交通建设用地面积较低。各县级单元 2016 年人均交通建设用地面积均超过 35m²。如图 6-8 所示,人均交通建设用地面积超过 10m² 较高水平的地区主要位于中部和东部的随州市、荆门市、武汉市等地区,这些地区经济社会发展条件较好,且地貌多为平原和低

第 6 章 建设用地转型的优化调控研究

缓丘陵的平坦地形,交通基础设施建设较发达。西部的十堰市、恩施州、宜昌市和东部的黄冈市部分地区人均交通建设用地面积普遍处于 $10m^2$ 以下的较低水平,除受多山等难以开发地形因素影响外,这些地区长期以来经济发展水平较为落后,交通建设投入也较低。2009—2016 年间,人均交通建设用地面积增长地区有 37 个,而下降地区达到 50 个,表明湖北省大部分地区交通基础设施建设落后于人口增长等社会经济发展需要。

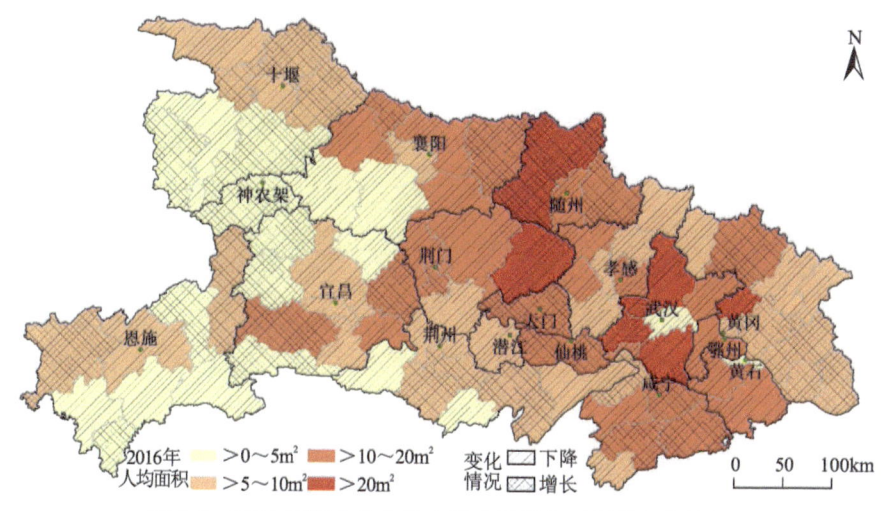

图 6-8 2016 年湖北省人均交通建设用地面积及变化情况

交通设施建设需要占用大量的土地资源,因此根据不同地区特点合理安排交通建设用地数量,提升交通设施用地节约集约利用水平,对促进土地资源可持续利用具有重要意义。根据湖北省 2009—2016 年间人均交通建设用地面积变化情况和交通建设用地转型与经济发展之间的脱钩特征,将湖北省县级单元的交通建设用地转型划分为重点建设区、合理改善区和调整优化区(表 6-3)。

表 6-3 交通建设用地转型优化分区及策略

类型	人均用地面积	脱钩类型	数量(个)	转型策略
重点建设区	$S_{2016}<10m^2$ $S_{2009}>S_{2016}$	扩张负脱钩,扩张耦合	22	优先供应交通建设用地指标,在提升建设用地集约利用同时提高交通建设用地数量和比例
合理改善区	$S_{2016}<10m^2$ $S_{2009}<S_{2016}$	扩张负脱钩,扩张耦合	46	适当供应交通建设用地,合理提高交通建设用地比例的同时提升土地资源集约利用水平
	$S_{2016}>10m^2$	扩张负脱钩		
调整优化区	$S_{2016}<10m^2$	弱脱钩	19	在保持交通建设用地投入的同时,以强化政府调控机制,优化交通用地结构和数量为主
	$S_{2016}>10m^2$	扩张耦合,弱脱钩		

重点建设区共有 22 个县级单元,2016 年人均交通建设用地面积低于 10m², 处于较低水平,且人均交通面积在 2009—2016 年有所降低,交通建设用地转型与经济发展的脱钩类型为扩张负脱钩和扩张耦合,即交通建设用地面积增长接近或低于地区经济发展速度,今后应优先对这些地区安排交通建设用地供应指标,提升地区交通建设用地比例和水平,是今后交通设施重点建设区域;合理改善区共有 46 个县级单元,主要有 2016 年人均交通建设用地低于 10m²,处于较低水平,但在 2009—2016 年间有所增长,交通建设用地面积增长接近于或低于区域经济增长速度,以及 2016 年人均交通建设用地面积大于 10m² 但交通建设用地面积增长低于区域经济增长速度两种类型区;调整优化区共有 19 个评价单元,主要有 2016 年人均交通建设用地面积小于 10m² 但交通建设用地面积增长大于区域经济增长的弱脱钩类型和 2016 年人均交通建设用地面积大于 10m² 且交通建设用地面积增长接近或大于区域经济增长的地区。

如图 6-9 所示,重点建设区分布较分散,主要位于东北部的孝感市、黄冈市、中南部的潜江市、荆州市以及西部的十堰市、恩施州等部分地区,这些地区交通建设用地需求较大,是今后交通设施用地重点建设地区,应优先安排供应新增交通设施用地,提高交通设施用地数量和比例;合理改善区主要分布在中部和东部的大部分地区,这些地区交通建设用地利用情况稍好于重点建设区,今后在适当供应新增交通建设用地指标的同时,也要逐步改善交通用地利用条件,用地的集约利用水平;调整优化区主要位于西部的十堰市、宜昌市和恩施州地区,这些地区交通建设用地利用需求压力相对较轻,今后交通建设用地转型应在合理优化交通建设用地结构和数量,推进现有交通建设用地功能最大化,如改建或扩张现有交通设施,提高道路标准和服务能力等前提下,适当增加交通建设用地供给,提高交通建设用地比例。

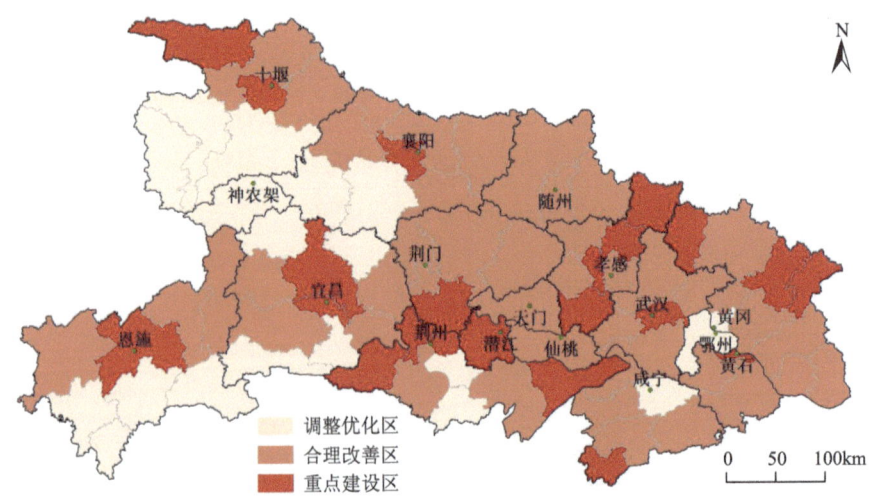

图 6-9 湖北省交通建设用地转型优化分区格局

6.5 建设用地转型政策调控建议

6.5.1 控制建设用地总量，实行差异化管理政策

在快速城镇化过程中，建设用地扩张是必然过程。但是长期以来我国的建设用地都存在严重的无序扩张和低效利用问题，导致了建设用地刚性需求和耕地红线保护下的建设用地增量供应接近极限之间的矛盾加剧。而以往的建设用地管控"增量控制"模式使建设用地总量不断增加，加剧了粮食生产和生态保护风险，不利于区域土地资源可持续利用和健康发展。因此需要改变以往的建设用地供应"增量控制"的调控思路，实行建设用地数量"总量控制"，并兼顾区域公平与效率，根据区域特点提出差异化的管控措施，通过控制建设用地数量、优化建设用地结构布局，缓解土地资源保护和保障社会经济发展之间的矛盾。

湖北省2016年建设用地面积占国土空间的比例达到7.71%，明显高于全国4%左右的水平，建设用地总量过大且还在保持快速扩张的趋势，对耕地、林地等农用地和生态用地资源产生了重大威胁。同时湖北省属于我国中西部的重要粮食生产和生态大省，其未利用地如空闲地、裸地、盐碱地等所占比重较低，后备开发土地资源不足，未来耕地和生态保护压力巨大、形势严峻。同时湖北省建设用地利用较为粗放，特别是城镇建设用地和农村建设用地人均利用用地面积偏大，建设用地粗放利用方式没有得到根本扭转。而现有的针对不同区域建设用地扩展速度进行年度建设用地调控机制缺乏根据不同区域发展功能定位、土地开发强度和生态环境容量等方面的考虑，造成建设用地规模持续扩大。今后湖北省应建立建设用地"零增长"或"负增长"的调控机制，在省域范围实现建设用地总量稳定甚至适当缩减，同时根据县域社会经济发展情况和建设用地利用集约强度和效益差异情况，分解建设用地指标，实行差异化管理。如根据建设用地利用相关指标将全省划分为优化发展区、重点发展区、适度发展区、内涵挖潜区等不同区划，并根据不同分区实施建设用地利用的存量挖潜、增量控制等不同的用地管理策略，实现省域范围内农村建设用地规模缩减，城镇建设用地和交通建设用地等适当增长，建设用地总体规模得到控制的建设用地管理目标。

6.5.2 加快农村建设用地使用制度改革，促进城乡建设用地流转

随着城镇化的进行，大量农村人口迁移到城市，农村人口规模不断减少，若是农村居民点用地随着农业人口的转移能得到及时腾退转化为耕地或者城镇建设用地指标，可以有效避免耕地数量过快减少和促进城乡建设用地总量平衡和利用效益的提高。农村建设用地在湖北省建设用地中比例最大，农村建设用地以农民居住用地为主，解决农民居住用地低效利用对优化建设用地转型意义重大。我国现在实行的是土地公有制制度，农村建设用地归农村集体所有，在现有农村建设用地使用制度下，农村建设用地难以进入土地市场进行流转，进城农民清退农村宅基地权益也难以得到保障和满足。城镇建设用地利用效益远高于农村建设用地，同时城镇建设用地存在巨大的需求，如果能将城镇建设用地使用增加的经济效益用来补偿农民腾退农村宅基地损失，可以有效提高农民腾退闲置和废弃农村宅基地的积极性，盘活农村

存量建设用地。该过程要加快推进农村建设用地使用制度改革,促进城乡之间建设用地流转。

首先,在确保农村建设用地集体所有制的前提下,建立农村宅基地使用权流转和有偿退出制度,通过鼓励农村宅基地流转可以实现闲置和废弃农村宅基地再利用,提高农村建设用地利用效益,同时对放弃或交易农村宅基地农民进行经济补偿,可以有效盘活农村存量建设用地。其次,建立城乡统一土地市场,土地市场是土地交易的场所和资源配置手段,可以运用价格机制将土地利用从效率低的一方流向效率高的一方,促进土地资源的高效配置,出台城乡建设用地市场管理办法,培育和建立规范、高效和完善的土地市场体系,完善土地市场交易方式,形成竞争、活跃又健康的市场。最后,以城乡建设用地增减挂钩和人地挂钩为突破点,通过农村土地整理和农村建设,减少闲置低效农村建设用地规模,构建建设用地指标交易平台,促进土地要素在城乡间的自由配置,优化城乡建设用地结构,提升建设用地利用效率,实现建设用地总量和增量、数量和集约水平的管控平衡。

6.5.3 跨区域建设用地统筹和多要素挂钩调控

快速城镇化背景下建设用地转型的主要问题是城镇建设用地和交通建设用地快速扩张导致需求量巨大,而农村建设用地规模较大但利用粗放低效需要盘活。由于我国执行严格的耕地和生态用地资源保护制度,建设用地特别是城镇建设用地通过占用大量耕地、林地等土地资源实现快速扩张的方式难以为继。2005年和2012年,我国开始试点并逐步推广的城乡建设用地"增减挂钩"和"人地挂钩"政策是解决我国建设用地结构不合理和供需矛盾的重要创新举措。"增减挂钩"和"人地挂钩"政策的实质是在我国城乡二元土地制度的背景下实现城乡土地要素的专项流动,在保障耕地和生态用地数量稳定的前提下,使农村存量建设用地转为城市新增建设用地,以优化城乡建设用地结构和布局,促进土地资源可持续利用和城乡社会经济协调发展。

但"增减挂钩"和"人地挂钩"只考虑城镇建设用地和农村建设用地之间的挂钩,交通建设用地并未考虑进来,而且在执行过程中往往都规定不能跨县执行。上述城乡建设用地政策的一个重要目的是在满足城镇建设用地扩张的同时保护耕地和生态用地资源。通过前面章节分析可以看出,交通建设用地扩张占用已经成为湖北省耕地和生态用地流失的重要原因。今后在建设用地增减挂钩中,应将交通建设用地考虑进来,在新增交通建设用地占用耕地等土地资源的同时,应当安排农村建设用地整理,进行耕地等土地资源的补充。

对新增城镇和交通建设用地需求大的地区往往与农村建设用地存量大挖潜强的县区并不重合。由挖掘存量农村建设用地获取的建设用地挂钩指标应该优先分配给城镇和交通建设用地相对集约且需求量大的县区,实现建设用地挂钩指标跨县域甚至跨市域的统筹分配,避免地方政府片面追求城镇建设用地增加的土地增值收益,实现在市域或省域较大区域尺度下建设用地周转利用效益的最大化,从而促进区域统筹和城乡一体化发展。

6.6 本章小结

本章基于"问题—目标—原则—分区优化—政策调控"的步骤开展建设用地转型优化调控研究。首先提出了湖北省建设用地转型存在的问题,然后提出了转型优化调控的目标和原则,并将城镇建设用地、农村建设用地和交通建设用地划分为不同区域,提出相应的转型策略,最后从政策角度给出了建设用地转型的调控措施。

建设用地转型优化分区主要是基于各类建设用地人均用地面积和脱钩分析结果两个指标将湖北省县级单元划分为不同区域。城镇建设用地转型根据相关指标分为集约加强区、集约退化区、粗放改善区和粗放加剧区4种类型分区,然后结合各个分区特征,主要从新增城镇建设用地指标分配方面提出了优先供给集约加强区、逐步建设集约退化区供给、限制粗放改善区供给和禁止粗放加剧区供给等不同的转型优化策略,以控制城镇建设用地过快增长,提高其集约利用效益;农村建设用地转型主要分为合理优化区、加强整理区和深度挖潜区3种类型分区,然后根据各个分区特征,从整理闲置低效农村建设用地,合理压缩建设用地规模等角度提出了针对合理优化区合理优化用地结构布局提高集约水平,针对加强整理区加强农村建设用地整理控制增长和腾退闲置用地,针对深度挖潜区禁止用地扩张、加大土地整理缩减用地规模和深度挖掘用地结余潜力的转型优化策略。交通建设用地转型主要分为重点建设区、合理改善区和调整优化区3种类型分区,从交通运输建设和用地供给角度提出针对重点建设区应重点供应交通建设用地指标,针对合理改善区在优先供应新增用地指标供应的同时提高集约利用水平,针对调整优化区在适当提高交通建设用地比例的同时以优化用地结构提高利用效益为主的转型优化策略。

城镇建设用地转型政策调控部分,建议通过控制建设用地总量,实行差异化管理政策,采取差异化的建设用地调控管理政策,通过优化建设用地结构实现建设用地总量稳定甚至缩减,促使农村建设用地向集约高效利用方向转型;改革农村建设用地使用制度,促进土地要素在城乡间的自由配置,优化城乡建设用地结构,提升建设用地利用效率;在推行"增减挂钩"和"人地挂钩"等政策过程中,促进建设用地实现跨区域的统筹分配,从市域或省域的大区域尺度实现建设用地统筹安排和合理调控,并将交通建设用地纳入建设用地挂钩体系中,以在建设用地转型过程更大程度地保护区域耕地和生态用地等土地资源。

建设用地转型分区调控研究通过科学引导建设用地转型,因地制宜地提出差异化的优化和调控措施,为实现区域建设用地资源优化配置,提高建设用地利用效益,保障区域社会、经济和生态的可持续发展提供参考,为完善相关土地管理制度设计提供思路。

第7章 研究结论与展望

7.1 研究结论

随着城镇化、工业化进程的加快,在土地资源稀缺和社会经济快速发展的多重压力下导致建设用地空间扩张成为中国土地利用/覆被变化的主要特征,也是中国土地利用和管理研究的热点问题。本书结合湖北省正处于快速城镇化发展阶段的宏观背景,基于湖北省第二次全国土地调查及后续土地利用年度变更数据,从土地利用转型视角探索建设用地变化研究新途径,以"特征—耦合—机制—调控"作为研究路径,对建设用地转型特征、建设用地转型与农业转型人口及经济社会发展脱钩关系、建设用地转型机制和建设用地转型优化调控进行了系统的研究。主要研究内容及相关结论如下:

(1)建设用地转型特征研究。将建设用地作为一个整体,系统地开展了建设用地转型综合研究,分析了各类建设用地显性和隐性形态的时空转换特征。显性形态转型方面,湖北省建设用地通过占用耕地、林地等,其面积在2009—2016年间有了较大幅度的增长,建设用地数量和结构等出现了明显的转换过程,显性形态转型主要特征是城镇和交通建设用地快速增长,农村和工矿及其他建设用地面积增长幅度较小,其中城镇建设用地增长面积最多且东部地区明显高于西部,交通建设用地增长比例最大,增长较大的地区主要沿长江和汉江经济带分布,农村建设用地保持小幅稳定增长,东部和西部大部分都有所增长,但江汉平原部分地区出现了降低,工矿及其他建设用地则是先增长后下降,整体上有小幅增长,空间变化特征不明显;以农村建设用地为主的建设用地结构形态转变为城镇和交通建设用地比例明显提高、农村和工矿及其他建设用地比例降低的结构形态,各类建设用地数量转换等表现出一定的非均衡性和明显的空间自相关性。隐性形态方面,湖北省各类建设用地的经济效益和集约强度形态在2009—2016年间也有明显的转变,主要转型特征是各类建设用地经济效益的提升和集约强度的降低。城镇建设用地经济效益由4.03亿元/km^2增长到7.15亿元/km^2,农村建设用地由2009年的0.21亿元/km^2增长到2016年的0.42亿元/km^2,交通建设用地的经济效益由2009年的21.66亿元/km^2增长到2016年的32.42亿元/km^2,其中城镇建设用地经济效益转型具有空间自相关性,农村建设用地和工矿及其他建设用地空间分布则表现随机性。湖北省人均城镇建设用地面积在2009—2016年间由105m^2/人增长到117.18m^2/人,城镇建设用地集约强度由较为集约状态转变为较为粗放状态;人均农村建设用地由273.95m^2增长到350.31m^2,农村建设用地集约强度的粗放利用状态加剧;人均交通建设用地面积由2009年的人均10.46m^2增长到2016年的16.93m^2,人均面积远低于同期全国平均水平,集约强度虽然减低但仍处于高度集约状态,各类建设用地集约强度形态转型的分布都表现出一定的空间自相关性。

(2)建设用地转型与农业转移人口及经济发展脱钩关系研究。基于脱钩理论和Tapio脱钩模型,对湖北省城镇、农村和交通3种建设用地转型分别与城镇吸纳农业转移人口、农村转出农业人口和经济增长的脱钩关系进行了定量研究。湖北省城镇吸纳农业转移人口和城镇建设用地转型在2009—2016年间的脱钩关系为弱脱钩类型,即城镇建设用地增长速度大于吸纳农业转移人口的速度,县级单元以扩张负脱钩为主,还有部分弱脱钩和扩张耦合类型。湖北省城镇建设用地转型与城镇吸纳农业转移人口整体处于脱钩状态,但脱钩关系的转变特征表现为以吸纳农业转移人口速度大于城镇建设用地增长速度为主转变为城镇建设用地增长速度大于吸纳农业转移人口速度,城镇建设用地表现出过快增长的趋势。2009—2016年湖北省农村转出农业人口和农村建设用地转型之间的耦合关系为强脱钩类型,即农业人口转出农村人口减少,但农村建设用地面积仍旧在增长,县级单元中以强脱钩为主,还有部分扩张负脱钩类型,两者脱钩关系转变特征表现为以农业人口转出和农村建设用地面积均增长的强脱钩类型为主转变为农村建设用地面积增长速度放缓甚至减少的地区增多而出现的衰退脱钩、扩张负脱钩和弱负脱钩类型增多的趋势,农村建设用地表现出缩减的趋势。2009—2016年湖北省经济增长和交通建设用地转型之间的耦合关系属于扩张负脱钩类型,即经济增长的速度大于交通建设用地面积增长的速度。县级单元中两者的脱钩关系以扩张负脱钩为主,还有扩张耦合和弱脱钩共3种脱钩类型,两者脱钩关系的转变特点主要是以经济增长速度大于交通建设用地转型速度为主的扩张负脱钩类型转变为交通建设用地面积增长速度与经济增长速度协调甚至快于经济增长速度而出现的扩张耦合和弱脱钩类型增多的趋势。

(3)建设用地转型驱动机制研究。建设用地转型是人类社会发展外生条件和建设用地利用自然地理内生条件及政策规划等共同作用的结果。综合考虑建设用地转型的自然地理条件等内生驱动因素和社会经济条件等外生驱动因素不同作用机制,利用空间计量回归方法,选取不同的分析尺度和驱动模型,全面探究了建设用地转型的驱动机制。通过定量分析,选取的大部分驱动因子对2009—2016年间湖北省各类建设用地的转型都表现出了一定的驱动作用。其中城镇建设用地转型的主要驱动因素为到市中心距离、到县中心距离、高程、人均GDP、人口密度、固定资产投资额、二产业比重、农林牧渔总产值和农村居民可支配收入等;农村建设用地转型的主要驱动因素是到县中心距离、到主要河流距离、城镇化率、工业生产总值、财政支出和农村居民可支配收入等;交通建设用地转型的主要驱动因素是到市中心距离、到县中心距离、到省道距离、坡度、固定资产投资额、二产业比重、农林牧渔总产值和农村居民可支配收入等;工矿及其他建设用地转型影响因子较少,只有到主要河流距离和城镇居民可支配收入等对工矿及其他建设用地转型具有一定的影响作用。经济结构调整、耕地保护制度、城乡统筹发展等国家或区域政策对湖北省的建设用地转型通过不同的方式也产生了一定的影响。

(4)建设用地转型优化调控研究。通过探讨建设用地转型存在的问题,提出了建设用地转型的目标和原则,从建设用地转型分区优化和政策调控两个方面开展建设用地转型优化调控研究。基于人均建设用地变化和脱钩关系分析结果,城镇建设用地转型根据相关指标分为集约加强区、集约退化区、粗放改善区和粗放加剧区 4 种类型分区,并提出了在今后新增城镇建设用地指标分配过程中优先供给集约加强区、逐步建设集约退化区供给、限制粗放改善区供给和禁止粗放加剧区供给等不同的转型优化策略。农村建设用地转型主要分为合理优化区、加强整理区和深度挖潜区 3 种类型分区,提出了针对合理优化区合理优化用地结构布局提高集约水平,针对加强整理区加强农村建设用地整理控制增长和腾退闲置用地,针对深度挖潜区禁止用地扩张、加大土地整理缩减用地规模和深度挖掘用地结余潜力的转型优化策略。交通建设用地转型主要分为重点建设区、合理改善区和调整优化区 3 种类型分区,针对重点建设区应重点供应交通建设用地指标,针对合理改善区在优先供应新增用地指标供应的同时提高集约利用水平,针对调整优化区在适当提高交通建设用地比例的同时以优化用地结构提高利用效益为主的转型优化策略。最后,从控制建设用地总量和实行差异化管理、加快推进农村建设用地使用制度改革和促进土地要素在城乡间的自由配置、促进建设用地实现跨区域的统筹分配和将交通建设用地纳入多建设用地挂钩等方面提出了建设用地转型的政策调控建议。

7.2 研究展望

本书以湖北省为研究区,开展了快速城镇化背景下的建设用地转型特征及机理研究。按照"特征—耦合—机制—调控"研究途径构建了建设用地转型特征、建设用地转型与社会经济发展耦合关系、建设用地转型机制和建设用地转型优化调控等方面的分析框架体系并开展了系统全面的研究。但建设用地作为人类社会经济活动和自然资源交互作用的结合点,其转型过程具有复杂性、阶段性和交叉性等特征,建设用地转型研究涉及多学科交叉理论和众多数据及技术支持,并且随着国家新型城镇化战略的实施,土地制度和管理模式的改革创新,对建设用地转型研究有了新的更高要求。由于数据的可获取性和局限性,本书研究还存在一些不足,在后续研究中需要进一步提升。

(1)完善转型特征测度指标,深化权属、功能等隐性转型研究。建设用地转型特征主要是通过一系列形态指标变化规律来反映的。建设用地转型的形态指标有数量、结构、分布、权属、功能等多个方面。完善转型特征测度指标,深化转型内涵是研究建设用地转型问题和认识建设用地转型规律的重要途径。本书建设用地转型特征研究主要集中在数量置换、结构变化、经济效益和集约强度等少数指标上,研究范围比较窄。随着城乡统一土地市场的建立和完善,建设用地特别是农村宅基地流转试点的开展,建设用地的权属和功能开始发生重大明显的转变,深入开展建设用地权属、功能的隐性形态的转型过程及规律研究是新时期建设用地转型研究的重要课题和方向。

(2)扩展研究的时间尺度,进行多时序对比分析。土地利用转型是在社会经济变化和革新的驱动下,由一种土地利用形态向另一种土地利用形态转变的过程。该过程长久,在不同的发展阶段其数量、结构等形态具有不同的转型特征。通常建设用地矢量数据获取主要有两种途径:一是个人或者机构通过一定渠道免费获取或者购买遥感数据利用相关解译方法得到建设用地相关信息数据,这种方式获取渠道较广泛、成本低且容易获得较大时空尺度的建设用地数据,但是由于建设用地功能识别较困难,该方式难以获取高精度的建设用地类型和结构信息,无法对建设用地结构变化和功能演变进行深入研究;二是国家或地方政府组织开展的通过高精度的航空航天影像结合实地调查得到的建设用地相关信息数据,这种方式获取的建设用地数据具有可靠的建设用地类型和功能信息,但由于获取难度大、成本高,缺乏长时间序列的成果数据。本书采用建设用地数据来源于第二种渠道,对湖北省建设用地转型进行了全面系统的分析,但由于数据限制,只进行了 2009—2016 年时间段的研究。今后待相关数据不断积累和完善后,应扩展建设用地转型研究的时间尺度,开展多时序的对比研究,以揭示在不同发展阶段建设用地转型的时空特征和变化规律。

(3)开展典型区建设用地转型实证化研究。国家或区域社会经济发展战略影响地区建设用地转型的过程和方向,同时建设用地转型也要服务于国家或地区发展决策。建设用地转型过程中要素交错复杂,特定的社会经济发展阶段、地理区位条件及发展策略等条件下建设用地转型特征和机理不同。深化建设用地转型研究并逐渐完善相关理论体系和方法,对于完善乡村地理学、城市地理学等领域探究具有重要意义。今后应综合 GIS、遥感等技术方法和实地调查等手段,针对不同社会经济条件、政策背景下典型区域(如大都市、小城镇、城中村、城乡接合部等),从中微观层面深入剖析建设用地转型特征和机理,丰富建设用地转型研究内容。

主要参考文献

摆万奇,赵士洞,2001.土地利用变化驱动力系统分析[J].资源科学(3):39-41.

蔡芳芳,濮励杰,2014.南通市城乡建设用地演变时空特征与形成机理[J].资源科学(4):731-740.

蔡运龙,2001.土地利用/土地覆被变化研究:寻求新的综合途径[J].地理研究(6):645-652.

曹文莉,张小林,潘义勇,等,2012.发达地区人口、土地与经济城镇化协调发展度研究[J].中国人口·资源与环境(2):141-146.

曹银贵,周伟,乔陆印,等,2013.青海省2000—2008年间城镇建设用地变化及驱动力分析[J].干旱区资源与环境(1):40-46.

陈春,2008.健康城镇化发展研究[J].国土与自然资源研究(4):7-9.

陈春,冯长春,2011.建设用地扩张效率指数研究[J].地域研究与开发(2):133-136.

陈凤桂,张虹鸥,吴旗韬,等,2010.我国人口城镇化与土地城镇化协调发展研究[J].人文地理(5):53-58.

陈龙,周生路,周兵兵,等,2015.基于主导功能的江苏省土地利用转型特征与驱动力[J].经济地理(2):155-162.

陈锡文,2005.深化对统筹城乡经济社会发展的认识 扎实推进社会主义新农村建设[J].小城镇建设(11):14-17.

陈彦光,罗静,2006.城市化水平与城市化速度的关系探讨——中国城市化速度和城市化水平饱和值的初步推断[J].地理研究(6):1063-1072.

陈彦光,周一星,2005.城市化Logistic过程的阶段划分及其空间解释——对Northam曲线的修正与发展[J].经济地理(6):817-822.

陈逸,黄贤金,陈志刚,等,2012.中国各省域建设用地开发空间均衡度评价研究[J].地理科学(12):1424-1429.

陈玉福,孙虎,刘彦随,2010.中国典型农区空心村综合整治模式[J].地理学报(6):727-735.

戴均良,高晓路,杜守帅,2010.城镇化进程中的空间扩张和土地利用控制[J].地理研究(10):1822-1832.

段学军,卢雨田,李慧,等,2009.南通市城镇建设用地扩展时空特征分析及模拟[J].长江流域资源与环境(2):104-110.

主要参考文献

樊杰,吕昕,2002.简论人地关系地域系统研究的核心领域——土地利用变化[J].地学前缘(4):429-430.

范进,赵定涛,2012.土地城镇化与人口城镇化协调性测定及其影响因素[J].经济学家(5):61-67.

冯科,2010.城市用地蔓延的定量表达、机理分析及其调控策略研究浙江[D].杭州:浙江大学.

龚胜生,2000.论中国可持续发展的人地关系协调[J].地理学与国土研究(1):9-15.

古维迎,冯长春,沈昊婧,等,2011.滇池流域城乡建设用地扩张驱动力分析[J].城市发展研究(7):26-31.

郭斌,陈佑启,姚艳敏,等,2008.土地利用与土地覆被变化驱动力研究综述[J].中国农学通报(4):408-414.

郭椿阳,高建华,樊鹏飞,等,2016.基于格网尺度的永城市土地利用转型研究与热点探测[J].中国土地科学(4):43-51.

郭素君,张培刚,2008.从观澜看深圳市特区外土地利用转型的必然性[J].规划师(8):72-77.

国家统计局,2016.中国城市统计年鉴(2015)[M].北京:中国统计出版社.

国土资源部,2017.中国国土资源统计年鉴2016[M].北京:地质出版社.

侯贺平,2015.湖北省多尺度社会经济空间网络构建与分析[D].武汉:武汉大学.

胡鞍钢,刘生龙,马振国,2012.人口老龄化、人口增长与经济增长——来自中国省际面板数据的实证证据[J].人口研究(3):14-26.

胡伟艳,2009.城乡转型与农地非农化的互动关系[D].武汉:华中农业大学.

黄宝荣,张慧智,宋敦江,等,2017.2000—2010年中国大陆地区建设用地扩张的驱动力分析[J].生态学报(12):4149-4158.

姜海,曲福田,2009.不同发展阶段建设用地扩张对经济增长的贡献与响应[J].中国人口·资源与环境(1):70-75.

蒋芳,刘盛和,袁弘,2007.北京城市蔓延的测度与分析[J].地理学报(6):649-658.

焦秀琦,1987.世界城市化发展的S型曲线[J].城市规划(2):34-38.

孔祥斌,2012.区域农户土地利用转型对耕地质量的影响[M].北京:科学出版社.

李加林,许继琴,李伟芳,等,2007.长江三角洲地区城市用地增长的时空特征分析[J].地理学报(4):437-447.

李菁,冯银静,夏冀,2015.城市土地利用转型的路径选择——以广州市"三旧改造"为例[J].中国房地产(3):36-43.

李平星,孙伟,2013.改革开放以来苏南地区城市扩展格局与驱动机理研究[J].长江流域资源与环境,22(12):1529.

李炜,钟京涛,吴永高,等,2008.关于修改完善《土地管理法》的若干思考[J].中国国土资源经济(8):33-34.

李文华,1994.持续发展与资源对策[J].自然资源学报(2):97-106.

李小建,李国平,曾刚,等,2006.经济地理学[M].北京:高等教育出版社.

李昕,文婧,林坚,2012.土地城镇化及相关问题研究综述[J].地理科学进展(8):1042-1049.

李秀彬,1996.全球环境变化研究的核心领域——土地利用/土地覆被变化的国际研究动向[J].地理学报(6):553-558.

李秀彬,2002.土地利用变化的解释[J].地理科学进展(3):195-203.

李秀彬,2008.农地利用变化假说与相关的环境效应命题[J].地球科学进展(11):1124-1129.

李裕瑞,刘彦随,龙花楼,2010.中国农村人口与农村居民点用地的时空变化[J].自然资源学报(10):1629-1638.

林坚,2007.中国城乡建设用地增长研究[D].北京:北京大学.

刘纪远,匡文慧,张增祥,等,2014.20世纪80年代末以来中国土地利用变化的基本特征与空间格局[J].地理学报(1):3-14.

刘纪远,刘文超,匡文慧,等,2016.基于主体功能区规划的中国城乡建设用地扩张时空特征遥感分析[J].地理学报(3):355-369.

刘洁泓,2010.城市化内涵综述[J].理论参考(2):55-56.

刘小平,黎夏,陈逸敏,等,2009.景观扩张指数及其在城市扩展分析中的应用[J].地理学报(12):1430-1438.

刘彦随,刘玉,翟荣新,2009.中国农村空心化的地理学研究与整治实践[J].地理学报(10):1193-1202.

刘永强,廖柳文,龙花楼,等,2015.土地利用转型的生态系统服务价值效应分析——以湖南省为例[J].地理研究(4):691-700.

刘永强,龙花楼,2016.黄淮海平原农区土地利用转型及其动力机制[J].地理学报(4):666-679.

刘增,2006.统筹区域发展必要性的理论和实证分析[J].宁波大学学报(人文科学版)(4):106-109.

龙花楼,2003a.土地利用转型——土地利用/覆被变化综合研究的新途径[J].地理与地理信息科学(1):87-90.

龙花楼,2003b.区域土地利用转型与土地整理[J].地理科学进展(2):133-140.

龙花楼,2006.中国农村宅基地转型的理论与证实[J].地理学报(10):1093-1100.

龙花楼,2012.论土地利用转型与乡村转型发展[J].地理科学进展(2):131-138.

龙花楼,李秀彬,2005.长江沿线样带农村宅基地转型[J].地理学报(2):179-188.

龙花楼,李秀彬,2006.中国耕地转型与土地整理:研究进展与框架[J].地理科学进展(5):67-76.

陆大道,2009.2050:中国的区域发展[M].北京:科学出版社.

陆大道,史培军,董光器,2006.体现土地利用转型的重要理念[N].中国国土资源报,2006-07-17(5).

陆大道,姚士谋,李国平,等,2007.基于我国国情的城镇化过程综合分析[J].经济地理(6):883-887.

吕拉昌,1999.中国人地关系协调与可持续发展方法选择[J].地理学与国土研究(2):15-18.

吕立刚,周生路,周兵兵,等,2013.区域发展过程中土地利用转型及其生态环境响应研究——以江苏省为例[J].地理科学(12):1442-1449.

吕萍,周滔,张正峰,等,2008.土地城市化及其度量指标体系的构建与应用[J].中国土地科学(8):24-28.

吕晓,黄贤金,钟太洋,等,2013a.建设用地扩张过程的时间均衡态势分析[J].农业工程学报(15):236-243.

吕晓,黄贤金,赵雲泰,2013b.不同视角下建设用地扩张效率的对比分析——以江苏省原通州市为例[J].经济地理,33(7):148-154.

吕晓,黄贤金,张全景,2015a.城乡建设用地转型研究综述[J].城市规划(4):105-112.

吕晓,黄贤金,钟太洋,等,2015b.土地利用规划对建设用地扩张的管控效果分析——基于一致性与有效性的复合视角[J].自然资源学报(2):177-187.

罗格平,张爱娟,尹昌应,等,2009.土地变化多尺度研究进展与展望[J].干旱区研究(2):187-193.

罗媞,刘耀林,孔雪松,2014.武汉市城乡建设用地时空演变及驱动机制研究——基于城乡统筹视角[J].长江流域资源与环境(4):461-467.

马继红,2009.农安县耕地转型的机理研究[D].长春:东北师范大学.

欧名豪,李武艳,刘向南,等,2002.城市化内涵探讨[J].南京农业大学学报(社会科学版)(4):13-22.

曲福田,2010.中国土地非农化的可持续治理[M].北京:科学出版社.

史育龙,1998.Desakota模式及其对我国城乡经济组织方式的启示[J].城市发展研究(5):10-14.

宋俊岭,1992.现代化、城镇化和城市学研究[J].北京社会科学(3):154-156.

宋小青,2017.论土地利用转型的研究框架[J].地理学报(3):471-487.

孙萍,唐莹,ROBERT J M,等,2011.国外城市蔓延控制及对我国的启示[J].经济地理(5):748-753.

田光进,刘纪远,庄大方,2003.近10年来中国农村居民点用地时空特征[J].地理学报(5):651-658.

童陆亿,胡守庚,2016.中国主要城市建设用地扩张特征[J].资源科学(1):50-61.

王成新,姚士谋,陈彩虹,2005.中国农村聚落空心化问题实证研究[J].地理科学(3):3257-3262.

王桂新,黄祖宇,2014.中国城市人口增长来源构成及其对城市化的贡献:1991—2010[J].中国人口科学(2):2-16.

王建军,吴志强,2009.城镇化发展阶段划分[J].地理学报(2):177-188.

王婧,方创琳,2011.城市建设用地增长研究进展与展望[J].地理科学进展(11):1440-1448.

王静爱,何春阳,董艳春,等,2002.北京城乡过渡区土地利用变化驱动力分析[J].地球科学进展(2):201-208.

王铭,李凤梅,2010.简论运用当地实例帮助学生理解地理区位因素概念[J].兰州教育学院学报(4):149-150.

王瑞军,2013.基于省域视角的中国交通运输对区域经济发展影响研究[D].北京:北京交通大学.

韦仕川,栾乔林,黄朝明,等,2014.地质灾害防治的土地利用规划软措施研究综述及展望[J].自然灾害学报(3):159-165.

魏蕾娜,傅玮佳,张敬伟,等,2014.南昌市土地利用变化与高程的耦合分析[J].地理空间信息(5):110-113.

温阳阳,高建华,梁迪,2016.河南省建设用地扩展的社会经济驱动力分析——基于STIRPAT模型[J].地域研究与开发(1):121-126.

吴传钧,1981.地理学的特殊研究领域和今后任务[J].经济地理(1):5-10.

吴次芳,陆张维,杨志荣,等,2009.中国城市化与建设用地增长动态关系的计量研究[J].中国土地科学(2):18-23.

吴俊范,2010.近代上海土地利用方式转型初探——以河浜资源为中心[J].中国经济史研究(3):43-53.

谢菲,莫晓宇,程震,等,2010.基于TOPSIS法的建设用地集约利用评价——以江西省宜春市为例[J].农村经济与科技(11):84-86.

谢高地,张彪,鲁春霞,等,2015.北京城市扩张的资源环境效应[J].资源科学(6):1108-1114.

许宪春,2014.中国现行国内生产总值核算方法[J].求是学刊(2):66-81.

许学强,周一星,宁越敏,2009.城市地理学[M].2版.北京:高等教育出版社.

杨朝现,2010.人地关系协调视角下的土地整理[D].重庆:西南大学.

杨永春,杨晓娟,2009.1949—2005年中国河谷盆地型大城市空间扩展与土地利用结构转型——以兰州市为例[J].自然资源学报(1):37-49.

叶宝莹,黄方,刘湘南,等,2002.土地利用/覆被变化的驱动力模型研究——以嫩江中上游地区为例[J].东北师大学报(自然科学版)(1):100-104.

叶裕民,2013.中国城市化与统筹城乡发展基本概念解析[J].湖南城市学院学报(2):1-7.

游珍,蒋庆丰,娄彩荣,2013.基于土地利用及其格局的自然灾害风险评价模型[J].自然灾害学报(5):23-30.

于峰,张小星,2010."大都市连绵区"与"城乡互动区"——关于戈特曼与麦吉城市理论的比较分析[J].城市发展研究(1):46-53.

于婷婷,宋玉祥,浩飞龙,等,2017.东北地区人口结构与经济发展耦合关系研究[J].地理科学,37(1):1-7.

主要参考文献

张乐勤,陈素平,王文琴,等,2013.快速城镇化背景下建设用地扩展驱动力研究述评与展望[J].干旱区地理(1):164-175.

张占录,2009.北京市城市用地扩张驱动力分析[J].经济地理(7),1182-1185.

赵可,张安录,徐卫涛,2011.中国城市建设用地扩张驱动力的时空差异分析[J].资源科学(5),935-941.

赵小风,黄贤金,2012.基于分层视角的工业用地集约利用机理研究[M].北京:科学出版社.

钟太洋,黄贤金,王柏源,2010.经济增长与建设用地扩张的脱钩分析[J].自然资源学报(1):18-31.

周伟,曹银贵,王静,等,2011.三峡库区近30a农村居民点格局变化与特征分析[J].农业工程学报(4):294-300.

周一星,1993."desakota"一词的由来和涵义[J].城市问题(5):13.

朱宇,林李月,2016.中国人口迁移流动的时间过程及其空间效应研究:回顾与展望[J].地理科学(6):820-828.

卓玛措,2005.人地关系协调理论与区域开发[J].青海师范大学学报(哲学社会科学版)(6):26-29.

ALIG R J, HEALY R G, 1987. Urban and built-up land area changes in the United-States—An empirical-investigation of developments[J]. Land economics, 63(3):215-226.

ANGEL S, PARENT J, CIVCO D L, et al., 2011. The dimensions of global urban expansion:Estimates and projections for all countries,2000-2050[J]. Progress in planning,75(2):53-107.

ANSELIN L,1995. Local indicators of spatial association—LISA[J]. Geographical analysis,27(2):93-115.

BENHABIB J, SPIEGEL M M, 1994. The role of human capital in economic development evidence from aggregate cross-country data[J]. Journal of monetary economics, 34(2):143-173.

BRUECKNER J K, FANSLER D A, 1983. The economics of urban sprawl: Theory and evidence on the spatial sizes of cities[J]. Review of economics and statistics,65(3):479-482.

BUYANTUYEV A, WU J, GRIES C, 2015. Multiscale analysis of the urbanization pattern of the Phoenix metropolitan landscape of USA:Time, space and thematic resolution[J]. Landscape and urban planning,94(3):206-217.

CAMAGNI R, GIBELLI M C, RIGAMONTI P, 2002. Urban mobility and urban form: the social and environmental costs of different patterns of urban expansion[J]. Ecological economics,40(PII S0921-8009(01)00254-32):199-216.

CARTER A P,1966. The economics of technological change[J]. Science American,214(4):25-31.

CHAN K W,1994. Urbanization and rural-urban migration in China since 1982—a new base-line[J]. Modern China,20(3):243-281.

CHEN J, GAO J, CHEN W, 2016. Urban land expansion and the transitional mechanisms in Nanjing,China[J]. Habitat international,53:274-283.

CHEN R,YE C,CAI Y, et al.,2014. The impact of rural out-migration on land use transition in China:Past,present and trend[J]. Land use policy,40:101-110.

CLIFF A D,1969. Some measures of spatial association in areal data [D]. Doctoral Dissertation:University of Bristol.

COUCH C, KARECHA J, 2006. Controlling urban sprawl: Some experiences from Liverpool[J]. Cities,23(5):353-363.

CURRIT N,EASTERLING W E,2009. Globalization and population drivers of rural-urban land-use change in Chihuahua,Mexico[J]. Land use policy,26(3):535-544.

DENG X, HUANG J, ROZELLE S, et al., 2008. Growth, population and industrialization,and urban land expansion of China[J]. Journal of urban economics,63(1):96-115.

DENG X,HUANG J,ROZELLE S,et al.,2010. Economic growth and the expansion of urban land in China[J]. Urban studies,47(4):813-843.

DESANKER P V,1997. The Miombo network framework for a terrestrial transect study of land-use and land-cover change in the Miombo ecosystems of Central Africa[R]. IGBP:Stochkholm.

ENEVOLDSEN M K, RYELUND A V, ANDERSEN M S, 2007. Decoupling of industrial energy consumption and CO_2-emissions in energy-intensive industries in Scandinavia[J]. Energy buildings,29(4):665-692.

GAO J,WEI Y D,CHEN W,et al.,2014. Economic transition and urban land expansion in provincial China[J]. Habitat international,44:461-473.

GE D,LONG H,ZHANG Y,et al.,2018. Farmland transition and its influences on grain production in China[J]. Land use policy,70:94-105.

GEIST H J, LAMBIN E F, 2002. Proximate causes and underlying driving forces of tropical deforestation[J]. Bioscience,52(2):143-150.

GETIS A, ORD J K, 1992. The Analysis of spatial association by use of distance statistics[J]. Geographical analysis,24(3):189-206.

GRAINGER A, 1995. National land use morphology: patterns and possibilities. [J]. Geography,80(3483):235-245.

HEILIG G K,1997. Anthropogenic factors in land-use change in China[J]. Population and development review,23(1):139-168.

HU S, TONG L, FRAZIER A E, et al.,2015. Urban boundary extraction and sprawl analysis using landsat images:A case study in Wuhan,China[J]. Habitat international,47:

183-195.

HUANG J, ZHU L, DENG X, 2007. Regional differences and determinants of built-up area expansion in China[J]. Science in China series D-Earth sciences, 50(12): 1835-1843.

HUANG Z, WEI Y D, HE C, et al., 2015. Urban land expansion under economic transition in China: A multilevel modeling analysis[J]. Habitat international, 47: 69-82.

JIAO L, MAO L, LIU Y, 2015. Multi-order landscape expansion index: Characterizing urban expansion dynamics[J]. Landscape and urban planning, 137: 30-39.

LAMBIN E F, BAULIEX X, BOCKSTAEL N, 1999. Land-use and land-cover change (LUCC) implementation strategy[R]. IGBP Report NO. 48 and HDP Report.

LAMBIN E F, GEIST H J, LEPERS E, 2003. Dynamics of land-use and land-cover change in tropical regions[J]. Annual review of environment and resources, 28: 205-241.

LAMBIN E F, MEYFROIDT P, 2010. Land use transitions: Socio-ecological feedback versus socio-economic change[J]. Land use policy, 27(2): 108-118.

LAMBIN E F, TURNER B L, GEIST H J, et al., 2001. The causes of land-use and land-cover change: Moving beyond the myths[J]. Global environmental change, 11(4): 261-269.

LI T, LONG H, LIU Y, et al., 2015. Multi-scale analysis of rural housing land transition under China's rapid urbanization: The case of Bohai Rim[J]. Habitat international, 48: 227-238.

LIU J Y, ZHAN J Y, DENGX Z, 2005. Spatio-temporal patterns and driving forces of urban land expansion in China during the economic reform era[J]. AMBIO: A journal of the human environment, 34(6): 450-455.

LIU J, LIU Y, YAN M, 2016. Spatial and temporal change in urban-rural land use transformation at village scale—A case study of Xuanhua District, North China[J]. Journal of rural studies, 47(B): 425-434.

LIU Y S, 2011. Scientifically promoting the strategy of reclamation and readjustment of rural land in China[J]. China land science, 25: 3-8.

LIU Y, FANG F, LI Y, 2014. Key issues of land use in China and implications for policy making[J]. Land use policy, 40: 6-12.

LIU Y, LONG H, LI T, et al., 2015a. Land use transitions and their effects on water environment in Huang-Huai-Hai Plain, China[J]. Land use policy, 47: 293-301.

LIU Y, LUO T, LIU Z, et al., 2015b. A comparative analysis of urban and rural construction land use change and driving forces: Implications for urban - rural coordination development in Wuhan, Central China[J]. Habitat international, 47: 113-125.

LIU Y, YU L, CHEN Y, et al., 2010. The process and driving forces of rural hollowing in China under rapid urbanization[J]. Journal of geographical sciences, 20(6): 876-888.

LIU L, 2002. Spatial patterns of urban land use growth in Beijing[J]. Journal of geographical sciences, 12(3): 266-274.

LONG H, HELLIG G K, LI X, et al. , 2007. Socio-economic development and land-use change: Analysis of rural housing land transition in the transect of the Yangtse River, China [J]. Land use policy, 24(1):141-153.

LONG H, LI T, 2012. The coupling characteristics and mechanism of farmland and rural housing land transition in China[J]. Journal of geographical sciences, 22(3):548-562.

LONG H, LI Y, LIU Y, et al. , 2012. Accelerated restructuring in rural China fueled by increasing vs. decreasing balance land-use policy for dealing with hollowed villages[J]. Land use policy, 29(1):11-22.

LONG H, LIU Y, HOU X, et al. , 2014. Effects of land use transitions due to rapid urbanization on ecosystem services: Implications for urban planning in the new developing area of China[J]. Habitat international, 44:536-544.

LONG H, LIU Y, WU X, et al. , 2009. Spatio-temporal dynamic patterns of farmland and rural settlements in Su - Xi - Chang Region: Implications for building a new countryside in coastal China[J]. Land use policy, 26(2):322-333.

MA W, JIANG G, WANG D, et al. , 2018. Rural settlements transition (RST) in a suburban area of metropolis: Internal structure perspectives [J]. Science of the total environment, 615:672-680.

MATHER A S, 1992. The forest transition[J]. Area, 24(4):367-379.

MORAN P A P. 1950. Notes on continuous stochastic phenomena. [J]. Biometrika, 37(1-2):17-23.

MUNROE D K, CROISSANT C, YORK A M, 2005. Land use policy and landscape fragmentation in an urbanizing region: Assessing the impact of zoning [J]. Applied geography, 25(2):121-141.

NORTHAM R M, 1979. Urban geography[M]. New York: John Wiley & Sons.

OH K, JEONG Y, LEE D, et al. , 2004. Determining development density using the urban carrying capacity assessment system[J]. Landscape and urban planning, 73(1):1-15.

ORD J K, GETIS A, 1995. Local spatial autocorrelation statistics: distributional issues and an application[J]. Geographical analysis, 27(4):286-306.

QASIM M, HUBACEK K, TERMANSEN M, 2013. Underlying and proximate driving causes of land use change in District Swat, Pakistan[J]. Land use policy, 34(12):146-157.

ROMANO B, ZULLO F, 2014. Land urbanization in Central Italy: 50 years of evolution [J]. Journal of land use science, 9(2):143-164.

SCHNEIDER A, WOODCOCK C E, 2008. Compact, dispersed, fragmented, extensive? A comparison of urban growth in twenty-five global cities using remotely sensed data, pattern metrics and census information[J]. Urban studies, 45(3):659.

SERRA P, PONS X, SAURI D, 2008. Land-cover and land-use change in a

Mediterranean landscape: A spatial analysis of driving forces integrating biophysical and human factors[J]. Applied geography, 28(3): 189-209.

SONG X, HUANG Y, WU Z, et al., 2015. Does cultivated land function transition occur in China? [J]. Journal of geographical sciences, 25(7): 817-835.

TALEAI M, SHARIFI A, SLIUZAS R, et al., 2007. Evaluating the compatibility of multi-functional and intensive urban land uses[J]. International journal of applied earth observation and geoinformation, 9(4): 375-391.

TAPIO P, 2005. Towards a theory of decoupling: degrees of decoupling in the EU and the case of road traffic in Finland between 1970 and 2001[J]. Transport policy, 12(2): 137-151.

TURNER B L I, LAMBIN E F, REENBERG A, 2007. The emergence of land change science for global environmental change and sustainability[J]. Proceeding of the national academy of sciences of the United States of America, 104(52): 20666-20671.

TURNER B L, SKOLE D, SANDERSON S, 1992. Land use and land cover change[J]. Ambio, 21(1): 122.

VERBURG P H, VELDKAMP A, FRESCO L O, 1999. Simulation of changes in the spatial pattern of land use in China[J]. Appied geography, 19(3): 211-233.

VERHULST P F, 1838. Notice sur la loi que la population suit dans son accroissement. Correspondance Mathematique et Physique Publiee par A Quetelet, Brussels[J]. Quetelet, 10(10): 113-121.

VLIET J V, GROOT H L F D, RIETVELD P, et al., 2015. Manifestations and underlying drivers of agricultural land use change in Europe[J]. Landscape and urban planning, 133(133): 24-36.

WANG Z B, 2012. Observation and reflection on land policy of linking the increase in land used for urban construction with the decrease in land used for rural construction[J]. China population resources & environment, 2: 96-102.

WEI Y D, LI H, YUE W, 2017. Urban land expansion and regional inequality in transitional China[J]. Landscape and urban planning, 163: 17-31.

WU K Y, ZHANG H, 2012. Land use dynamics, built-up land expansion patterns, and driving forces analysis of the fast-growing Hangzhou metropolitan area, eastern China (1978—2008)[J]. Applied geography, 34(5): 137-145.

XU C, LIU M, ZHANG C, et al., 2007. The spatiotemporal dynamics of rapid urban growth in the Nanjing metropolitan region of China[J]. Landscape ecology, 22(6): 925-937.

XU J, FOX J, MELICK D, et al., 2006. Land use transition, livelihoods, and environmental services in Montane Mainland Southeast Asia[J]. Mountain research and development, 26(3): 278-284.

XU J, SHARMA R, FANG J, et al. , 2008. Critical linkages between land-use transition and human health in the Himalayan region[J]. Environment international, 34(2):239-247.

ZHANG K H, SONG S, 2003. Rural - urban migration and urbanization in China: Evidence from time-series and cross-section analyses[J]. China economic review, 14(4): 386-400.